生态红线对居民福祉的影响及补偿策略

IMPACT OF ECOLOGICAL
PROTECTION REDLINE
ON RESIDENTS' WELL-BEING AND
COMPENSATION STRATEGIES

杨永菊　王晓梅　乔旭宁　著

社会科学文献出版社
SOCIAL SCIENCES ACADEMIC PRESS (CHINA)

.

前　言

　　中共十八届三中全会指出"划定生态保护红线，实行资源有偿使用制度和生态补偿制度"。党的二十大报告强调要以国家重点生态功能区、生态保护红线、自然保护地等为重点，加快实施重要生态系统保护和修复重大工程，并且要增进民生福祉。生态红线是保障国土生态安全、人居环境安全、生物多样性安全的生态用地和物种数量底线。在流域，尤其是作为重要生态功能区、生态脆弱区及生物多样性保育区的上游地区，划定生态红线并对其进行保护，对我国生态安全意义重大。由于流域生态系统服务类型的多样性和空间过程的复杂性，"资源魔咒"效应对流域生态保护红线区域居民福祉产生了深远影响，亟须对生态系统服务进行价值重构，深入研究生态系统服务价值时空变化对居民福祉的影响机制，科学制定补偿策略，为生态经济学核心命题的研究提供理论支撑，为增强生态保护红线的实施效果及构建流域生态文明制度体系提供实践依据。

　　本书以国家级重要生态功能区淮河流域和渭干河流域为研究区域，基于流域土地利用数据、入户调研数据及统计数据，运用土地利用动态度、土地利用程度综合指数等方法分析土地利用变化情况；运用景观生态学方法分析土地利用的景观尺度特征；采用价值量评价法测算淮河流域的生态系统服务价值；引入生态贡献率与敏感性指数分析土地利用变化对生态系统服务的影响；基于结构方程模型结合调查问卷分析流域居民福祉影响因素；基于 GIS 的空间分析功能测算流域生态系统服务的流动性与空间转移特征及其对居民福祉的影响；基于调查问卷与 CVM 方法测算流域居民的支付意愿。

本书主要章节及分工如下：第一章生态保护红线对居民福祉影响的理论解析由王晓梅执笔；第二章流域土地利用与生态系统服务由杨永菊执笔；第三章流域居民福祉的空间异质性及路径效应由王晓梅执笔；第四章流域生态系统服务变化对居民福祉的影响由乔旭宁执笔；第五章流域生态补偿机制构建由杨永菊执笔；第六章研究主要结论由杨永菊执笔。

本书的学术及应用价值主要表现为：①改进了传统区域经济研究范式，将 GIS 方法及空间统计分析方法引入生态经济分析中，丰富了生态经济研究的维度，增强了研究的可信度；②通过构建流域生态系统服务转移模型，结合 GIS 的空间分析方法，初步定量回答流域生态系统服务价值的空间转移范围、区域及价值量的确定问题，为生态系统服务价值空间转移定量分析提供一种方法，为流域上下游进行生态补偿提供科学依据，为流域生态安全问题的解决提供一种思路；③初步定量研究了"资源魔咒"存在的时空尺度、人类福祉的多维度与动态性，解析了流域生态系统服务的动态、静态特征及其对人类福祉的影响机制，提出了增进流域生态脆弱区贫困居民福祉的途径；④构建流域生态补偿机制，有助于破解"资源魔咒"，实现"流域生态安全—区域（全国）居民福祉—流域居民福祉"三赢，形成"动态补偿的实施—流域居民福祉提升—流域生态系统长期稳定—区域居民福祉提升—补偿行为积极"的良性循环体系，提升生态保护红线的实施效果。

本书出版得到了国家社会科学基金项目（14BJY021）及河南省高校科技创新团队项目（22IRTSTHN008）的资助。此外，在资料收集和数据处理过程中，张婷、杨娅琳、詹慧丽、崔明洁、张静、张晋源、董子悦、李晓玉、杨青艳、张莉杰、高鸿飞等同学给予了无私的帮助，在此一并表示感谢！

限于作者的学识和能力，书中尚存在不足之处，恳请各位专家和同仁批评指正！

杨永菊

河南理工大学

2024 年 5 月 1 日

目　录

第一章　生态保护红线对居民福祉影响的理论解析

本章导读

➤ 生态保护红线又称生态红线，是我国在生态保护过程中逐渐发展成熟的一种生态保护制度创新。国家发布的《国家生态保护红线——生态功能红线划定技术指南（试行）》将生态保护红线明确定义为"对维护国家和区域生态安全及经济社会可持续发展，保障人民群众健康具有关键作用，在提升生态功能、改善环境质量、促进资源高效利用等方面必须严格保护的最小空间范围与最高或最低数量限值"。

➤ 重要生态功能区划定生态保护红线是为能从国家层面上确定重要生态区域，优化国土空间格局，并为国家经济社会持续发展提供基本的生态服务。

➤ 梳理了生态保护红线的概念、内涵、划定区域及实施补偿的作用。

➤ 分析了生态保护红线和重点生态功能区的关系，指出中国西部的渭干河流域和中部的淮河流域（上游）皆为我国重要的生态功能区。

第一节　生态保护红线基本内容

一　生态红线的发展历程与概念

（一）国内外生态红线的发展历程

生态保护红线的产生和发展伴随我国长期的环境保护、生态保障、资源管理及科学研究过程，并已上升为国家战略层面的生态环境保护理念。关于生态保护红线概念在国际上虽然没有形成共识，但在实际的生态保护与管理过程中明显体现生态红线理念的雏形可追溯到英国的"绿带"。1898年，"绿带"这一思想由霍华德于《明日的田园城市》中首次被提出（田志强等，2016）。他主张"在城市外围应建设供农业生产使用的永久性绿地，以此来抑制城市的蔓延扩张"。1938年，英国颁布并施行"绿带法"，用法律约束来严格保护英国的"绿带"。这标志着"绿带"从一种理论思想走向现实，成为引导城市合理有序发展的方针（施业家和吴贤静，2016）。

20世纪40年代，欧洲各成员国就环境保护战略纷纷转变管理方式，由以区域为单位的管理方式转变成以生态系统为单位进行管理，即在生态系统整体性功能评估的基础上，以生态环境安全为核心，划定环境保护界限、确定保护方式和具体实施措施。就目前国际广泛采用的生态系统保护规划方法而言，其科学本质与生态保护红线相似，其中生态保护优先区的设立在本质上就是划定生态红线。然而与生态红线不同的是，生态保护优先区的范围必须经政府划定和法律认可。

环境风险评估法是美国环境保护部门用于确定生态保护区和保护措施的重要方法，并以此对生态区保护效果进行评估。环境风险评估法在世界被广泛使用，许多国家根据此方法建立各种自然生态保护区用以保护生态环境。目前，全世界已经建立约44000个不同类型的生态保护区。虽然各国各类保护区的保护重点不尽相同，但这些保护区大都是具有重要生态功能或生态敏感的区域。实质上，国外对生态保护的研究目的、实施方法、管理措施及建立生态保护区的内涵和意义在一定程度上已经完全体现了生态保护红线的理念。

总体而言，我国生态保护红线的发展可分为两个阶段，即2011年之前的萌芽阶段和2011年（含）之后的发展成熟阶段。萌芽阶段，生态保护红线的雏形产生于我国的生态区域规划的控制区内，"控制区""控制线"是最初的出现形式（张雪，2016）。直到2011年，生态红线才在国家性文件《国务院关于加强环境保护重点工作的意见》中被正式提出；2013年，中共十八届三中全会在报告中明确提出，对生态资源进行有偿使用，划定生态红线被提上日程；2014 年，《中华人民共和国环境保护法》中明确规定划定生态红线并进行严格保护。此后，生态红线由朦胧的思想理念及零星的区划保护向以国家为主导的政府划定、法律保护、部门实施的保障国家生态安全、优化国土格局、维持国家经济社会可持续发展的国家战略实践转变。

（二）有关红线的概念辨析

"红线"的概念最早源于城市规划领域，是指城市建设用地的控制边界。随后，"红线"一词被国土、水利、林业、海洋等多个部门广泛使用，例如 18 亿亩耕地红线、水资源利用红线、林业红线、海洋红线等（邹长新等，2015）。其中，道路、建筑用地红线是国家管控的具有明确的建设控制要求的红线；耕地红线的划定是为保障国家粮食安全，满足人民生产生活所需的最低耕地面积，是具有国家战略意义的数量红线；水资源利用红线是为保证居民用水安全、水量充足，而在用水总量、效率、纳污等方面进行严格限制的数量控制线和管理制度（陈先根，2016）；林业红线包括森林、湿地、荒漠植被和物种 4 条红线，侧重于各类生态用地保护，旨在维护国土生态安全、人居环境安全、生物多样性安全；海洋红线包括自然岸线保有率、生态红线区面积、排放达标率、水质达标率，其性质既包括空间界线，又包含管控要求，与环保部门划定的陆地生态保护红线性质最为接近。上述"红线"包括了管控对象的严格空间界线、数量或比例限值，强调了水、耕地、林地和海洋等具体保护目标，均属于生态保护红线的范畴（许丽丽等，2016）。但它们还不是完整意义上的生态保护红线（王梅，2015）。"生态保护红线"借用了"红线"的概念，从字面意思可理解为保护生态环境不可逾越的界限，其含义包括面积比例、空间位置，以及内部各生态要素的性质、质量及功能等方面。

（三）生态红线的定义

生态保护红线又称生态红线，是我国在生态保护过程中逐渐发展成熟的一种生态保护制度创新。2014 年，国家发布的《国家生态保护红线——生态功能红线划定技术指南（试行）》将生态保护红线明确定义为"对维护国家和区域生态安全及经济社会可持续发展，保障人民群众健康具有关键作用,在提升生态功能、改善环境质量、促进资源高效利用等方面必须严格保护的最小空间范围与最高或最低数量限值"。生态红线的设立对保障生态服务供给、维护我国生态安全、优化国土空间布局、促进生态保护与经济发展相协调统一、促进我国经济可持续发展具有重要意义。

（四）生态红线的内涵

生态红线是保障国家和区域生态安全的最终底线,其内涵体现在以下三个方面。

1. 生态服务供给保障

生态红线区域能够稳定持续地提供涵养水源、保持水土、防风固沙、调蓄洪水等生态调节与文化服务,支撑经济社会可持续发展。

2. 人居环境安全屏障

生态红线划定生态脆弱区、敏感区,用以维护该区域的生态结构完整,构建生态保护屏障,进而保障人民群众生存环境健康安全,减少自然灾害发生。

3. 生物多样性维持

划定生态红线能够为生物的生存、发展、繁衍提供一个良好、健康、安全的居住环境,保护重要物种,维持生物多样性,促进生物资源可持续利用。

二　生态红线的属性特征

生态红线是我国在改善生态质量、保障生态功能、促进经济可持续发展上的具有重要意义的"生命线",它本身就是需要被严格管控的生态空间界线,生态红线的划定必须满足以下四个属性特征。

（一）保护性质不改变

生态红线的划定意味着对重要生态功能区、生态脆弱区、生物多样性保育区进行监控保护,生态红线划定后保护的主体不能被破坏及改变。

（二）生态功能不降低

生态环境是人生存发展的基础,生态环境的完整及健康与人的持续发展息息相关。通过划定区域生态红线可以增强红线区的生态生产能力、改善生态环境、增强生态功能，因此划定生态红线的区域应具有完整的生态结构，能够持续稳定地为人类提供所需的生态服务。

（三）空间面积不减少

划定的生态红线区域的界线应相对固定，但经济社会发展与生态保护要求总是随时代的变化而不断改变，因此，为优化国土空间布局、保障生态服务稳定，生态红线区域可根据实际形势做适当调整，但必须坚持的是区域面积只能增加，不能降低。

（四）监管责任不转移

生态红线区域保护的生态主体包括荒漠、草地、湿地、林地、海域等生态系统，生态红线保护主体由当地政府及相关部门进行分类管理，监管责任不因红线的划分而转移。

三 生态红线的范围划定

根据生态红线的划定要求及内涵特征，生态红线具有保障生态服务供给、保障人居环境安全、维护生物多样性等功能，从而促进生态保护与经济发展协调统一，保障人民群众健康，支撑社会经济可持续发展。因此，生态红线区域类型可分为重要生态功能区、生态脆弱区和生物多样性保育区。

（一）重要生态功能区红线

从国家层面上确定重要生态功能区，优化国土空间格局并为国家的经济社会持续发展提供基本的生态服务。根据《全国生态功能区划》和《全国主体功能区规划》，重要生态区主要分布在国家重要、重点生态功能区。当前，我国的重要生态功能区主要处于集中连片型的山区、丘陵地区，这就形成了划分的功能区面积较大、划定边界不清等现象，增加了功能区管理难度。对不同的生态功能区进行详细调查，明确不同空间区域的主体功能差异，根据主体功能的差异进行生态服务等级划分，将生态服务等级高的、受人为因素影响较少的区域划定为重要生态功能区。

重要生态功能区由于资源丰富、潜在的经济价值量高，加上粗放、不严格的管护方式，多数存在被人类开发破坏的乱象。重要生态功能区的自然生态环境面临的压力与日俱增，这对保护重要生态功能区、保障生态服务高效稳定供给产生障碍。重要生态功能区红线的划定，既可保护区域的生态环境、构建生态防线、保障生态服务供给，又可维护生态安全、优化国土空间布局、促进我国经济可持续发展，从根本上解决经济发展过程中资源开发与生态保护之间的矛盾。

（二）生态脆弱区红线

生态脆弱区是指生态系统结构对外在环境变化较为敏感，受到外界的干扰后难以保持自身系统稳定且容易发生生态退化，在破坏后极难进行生态复垦的区域。生态脆弱区的划定是为构建区域及国家生态安全屏障，保障生态安全及人民群众健康，且生态脆弱区、敏感区在空间范围内发生的重叠性较高，因此，红线的划定需要从多方面考虑，在构建生态屏障时要充分考虑区域差异性，实现统筹规划。生态脆弱区、敏感区红线划定，最主要的是要建立适宜合理的生态脆弱性、敏感性指标评价体系，通过对不同的生态脆弱区、敏感区的指标评价识别生态敏感性主要特征，并进行归类及等级划分，将其中对生态安全影响较大的、敏感性高的、易受人类影响的重要区划定为生态红线区域。

我国的生态脆弱区、敏感区生态现状不容乐观，许多区域在人类经济活动影响下破坏严重、生态修复进展缓慢，生态系统面临崩溃境地（徐德琳等，2015）。生态脆弱区、敏感区红线划定后，能够提高人们的保护意识，可以发动社会力量对其进行保护，加大保护力度，减少人为破坏因素，遏制生态退化趋势。

（三）生物多样性保育区红线

生物多样性保育区是指为发展物种多样性、维护生态系统结构完整、保障生态平衡、促进生物资源可持续利用而划定的生物资源集中分布的区域。

生物多样性保育区保护的对象主要是面临濒危状态、对生态系统具有重大作用、具有极大价值的稀有物种。通过考察物种的稀有程度、对生态环境影响作用、发挥的生态功能重要程度及生存的现状和空间分布情况等因素来划定生态保育红线，让这些物种得到切实保护，以维护生态环境中物种的多样性。

伴随我国经济快速发展，人口快速增长，城镇化进程快速推进，对资源的需求与日俱增，但粗犷的资源利用方式对资源产生巨大浪费，使得我国环境污染严重、资源严重短缺，特别是生物资源形势十分严峻。为了缓解这一困境，我国提倡生态文明建设，建立了各类保护区，加强了对生态系统的保护，但取得的效果仍不理想。生物多样性保育区红线划定后，我国的重要物种和具有重要价值的生物群落得到妥善保护，有利于构建生态屏障，维护我国生态安全，为我国实现可持续发展提供有效保障。

四　生态红线的作用及意义

生态红线划定的主要功能可归纳为构建生态屏障、保障生态服务稳定、维护生态安全、优化国土空间布局、促进经济发展和环境保护协调统一、实现人民群众生活健康及经济的可持续发展。划定的主要目的是保护提供给人们生产生活资料及对维护经济社会可持续发展具有重要意义的自然生态系统。因此，通过划定生态红线，可以优化国土空间格局，维护我国经济社会可持续发展，保障国家生态安全，促进人与自然的和谐发展。生态保护红线是与我国"18亿亩耕地红线"具有同样战略意义的"生命线"（高吉喜，2015）。

第二节　生态保护红线与生态补偿

一　生态补偿的概念

国内研究的"生态补偿"即国际上的"生态服务付费"和"生态效益付费"（林勇等，2016）。目前国内外对生态补偿还未有统一的定义，但有关生态补偿的研究普遍涉及国际林业所界定的生态服务付费的4个基本条件：①是一种双方都自愿的交易；②具有明确的生态环境服务或者能够保障这种服务的土地利用；③至少有一个生态服务购买者和一个生态服务提供者；④生态服务提供者能够保障服务的供给。目前，虽然在生态补偿的实际工作中，并不是所有的补偿项目都满足这4个条件，但它搭建了一个建立生态补偿的系统全面的研究框架。

二　生态红线区生态补偿的必要性和重要性

生态红线的划定和实施可以促进全国重要生态功能区的保护、保障生态服务供给、建立生态屏障、维护生态安全，对维护区域和全国的生态平衡、生物多样性保护都有非同寻常的意义。然而，生态红线区域的划定和实施必然制约当地的工业发展从而影响当地经济发展。此外，在原受自然条件限制及基本公共服务落后的情况下，生态区农业、牧业及养殖业和发达地区已有较大差距，生态红线的划定使当地居民发展更为艰难，同时当地居民往往还要参与保护生态环境项目，这增加了居民生产和生活成本。

红线区的生态补偿的目的是保护生态环境，抵消红线划定带来的消极作用，从而促进生态公平、保障红线区的生态服务。为了实现我国全面建设小康社会的伟大目标，不能忽视那些处在红线区的贫困人口（袁志丽，2015）。生态红线区为国家和地区的环境保护和生态安全做出贡献从而丧失发展机会。因此，国家、其他获益的地方政府及企事业等都应该给予足够的补偿，从而充分调动保护者对生态红线区域的保护积极性。生态补偿的另一个作用就是通过补偿手段实现各方利益的协调，防止各方利益发生冲突。生态红线区的具体实际情况不尽相同，具有多样性，这使得生态补偿的机制也需要多样化。同时，生态红线区的生态补偿方式和渠道及市场的多样化也说明了红线区生态补偿的复杂性和综合性的特征。

因此，探索一套合理的生态红线区生态补偿机制，能调动当地政府执行政策的积极性，能提高当地居民的保护生态环境意识，能有效缓解生态保护和地方经济发展的冲突，能协调各方的利益冲突，从而保障生态红线战略的顺利推进，保护生态环境、维护生态安全、保障生态服务，促进我国资源环境可持续发展。

三　生态红线区生态补偿的范围和对象

生态红线区域的划分通常包括水源涵养区、自然保护区、重要湿地、风景名胜区、遗迹保护区、森林公园等，不同类型的生态红线区域在维护国家生态安全、保障生态服务上都有十分重要的作用，都应该被纳入生态补偿范围。

生态红线区域的补偿对象不仅仅是生态红线区管理机构，更应该包括为生态红线区保护做出贡献的当地居民及因建设生态红线区需要做出经济牺牲的企事业单位。例如，重要生态区、水源涵养区和风景名胜区范围内的居民为了保护当地的生态环境，而不得不放弃当初从事的农业、牧业及养殖业等，使原本收入来源单一的居民收入大大降低，生活更加艰难，因此更应得到生态补偿。

生态红线区的管理机构负责红线区的维护和管理，要让生态红线区得到有效保护需要长期投入大量人力、物力、财力及时间，对受损的功能进行积极恢复和监管。只有对其相应投入进行合理补偿，才能长期有效维持生态红线区功能状态。针对生态红线区中需要做出经济利益牺牲的企业、单位，其牺牲的利益及成本应纳入生态红线区的保护成本中，得到相应补偿（闻乃余，2015）。

四　生态红线区生态补偿的资金来源及补偿方式

（一）补偿资金来源

生态补偿的前期工作是根据补偿标准评估和计算生态红线区的补偿数量。以恢复区域居民原有的生活标准为底线，同时参照国内外有关学者和政府部门对重要湿地、风景名胜区、自然保护区、水源涵养区等的补偿标准的计量方式，根据各生态红线区的实际状况，对不同红线区域内的生态补偿额度进行评估和估算。计算生态红线区域的年产值和维护成本，并将其作为生态补偿量的计算依据和生态红线区域生态补偿的参考上限值。通过考虑生态红线区巨大的生态系统服务的价值产出和潜在的经济支付的可持续性来确定生态补偿的标准。

建立生态红线区的综合生态补偿机制，生态补偿资金来源应包括国家和地方财政转移支付、受益区域补偿资金、市场补偿资金等（朱前涛，2015）。根据"谁受益，谁补偿"的原则，生态补偿资金应该由接受生态功能服务的受益者来支付（陶恒和宋小宁，2010）。生态补偿以国家为实行主体，由各级政府及非政府组织和个人共同完成。因此，生态补偿的资金来源也应是国家为主体，相关部门为组成部分，各级受益政府、非政府组织和团体占少量份额。

（二）补偿方式

生态红线区的补偿方式可以分为直接补偿和间接补偿（袁伟彦和周小柯，2014）。直接补偿的方式为纵向财政转移支付及地方配套资金补偿，生态红线区补偿的转移支付资金一般受到财政收支因素的影响，在进行地方配套资金补偿时，应当将生态红线区内人口数量、区域面积、提供的生态服务等差异进行详细考虑，由生态红线区所在地政府统计测算，将生态补偿资金落到实处（彭娇婷，2016）。生态补偿资金应准确合理地落到为建设生态红线及维护生态红线而受到经济损失的团体或个人手中。间接补偿也是"造血型"补偿。国家及补偿单位在给予生态红线区生态补偿的同时，根据当地生态环境工程建设及扶贫开发项目，给予当地贫困居民科学指导，对其进行技术培训，因地制宜寻求新的发家致富项目，并在探索初期给予适当的资金援助，使当地居民改善生产生活方式，建立科学环保、因地制宜、环境友好型、可持续发展的经济发展模式。

对于具有游憩、展览宣传和教育功能的生态红线区，如生态红线划定的是风景名胜区、遗迹保护区、森林公园等区域，可以建立合理、恰当、完善的生态补偿方式，利用当地资源的优势发展旅游业、学习基地等项目。对积极参与生态区域建设和保护的当地居民，在经过足够的技术指导和科学训练后，还可以安排到区域的保护和管理工作中来，使其为区域发展和保护做出更大贡献。

五　生态红线区生态补偿内容

生态红线规划区多处于山区、丘陵地区及高原山区等交通不发达、基本公共服务落后、经济不发达地区，对该地区生态补偿项目中重要的一项就是发展基础设施、增强基本公共服务功能，对基础设施建设的补偿能大大提高各生态红线区的管理水平和维护质量。开展生态红线区管理人员的技能训练，提升管理人员科学管理水平，提高区域管护质量。

对于居于生态红线区内的居民，其生存条件较差、缺乏发展空间，应进行生态移民。对于积极配合、愿意移民迁居的居民，应按合理的补偿标准进行生态补偿，并给予科学的指导、技能培训帮助完成合理的生产生活方式转型。做好生态移民搬迁工作，统筹兼顾，完善移民新居的基础服务设施建设，增强新村的基本公共服务功能。对于不愿意迁离生态红线区域的居民，应强化环保理念引导，改变居民的思维方式，让生态保护理念深入人心，并进行科学培训，增加技能，创造就业机会，引导贫困居民的生产生活方式转变。

第三节　生态保护红线与重点生态功能区

一　生态保护红线与重点生态功能区的关系

环境保护部与国家发展和改革委员会于 2017 年 7 月联合发文《关于印发〈生态保护红线划定指南〉的通知》（环办生态〔2017〕48 号）（以下简称《指南》），标志着我国生态保护红线的划定工作正式拉开帷幕。根据《指南》的要求可知，生态保护红线与全国主体功能区中的禁止开发区及限制开发区（重点生态功能区）的功能及指标接近，是全国主体功能区规划对重点生态功能区的保护与恢复政策的延伸与强化。因此，研究以主体功能区所限定的上述两类区域为生态保护红线区域。研究时间节点选取 2010 年，在该年度发布了《国务院关于印发全国主体功能区规划的通知》（国发〔2010〕46 号），随后，全国各省份逐一完成了主体功能区规划。省级主体功能区规划以国家主体功能区规划为准绳，结合省内的资源环境承载力情况及社会经济发展水平，制定了省级的主体功能区规划，如河南省人民政府于 2014 年下发了《关于印发河南省主体功能区规划的通知》（豫政

〔2014〕12号）、江苏省人民政府于2014年下发了《关于印发江苏省主体功能区规划的通知》（苏政发〔2014〕20号）等。

限制开发区（重点生态功能区）：生态系统十分重要，关系全国或区域生态安全，需要在国土空间开发中限制进行大规模高强度工业化城镇化开发，以保持并提高生态产品供给能力的区域，主要类型包括水源涵养区、水土保持区、防风固沙区和生物多样性维护区。

禁止开发区：依法设立的各级各类自然文化资源保护区域，以及其他禁止进行工业化城镇化开发、需要特殊保护的重点生态功能区。

《指南》要求：①按生态系统服务功能重要性、生态环境敏感性识别生态保护红线范围，并落实到国土空间规划，确保生态保护红线布局合理、落地准确、边界清晰；②要充分与主体功能区规划、生态功能区划、水功能区划、土地利用现状、城乡发展布局、国家应对气候变化规划等相衔接；③将评估得到的生态功能极重要区和生态环境极敏感区进行叠加合并，确保划定范围涵盖国家级和省级禁止开发区域，以及其他有必要严格保护的各类保护地。

二　重点生态功能区对生态红线的替代及研究区的选择

根据《指南》的要求，生态保护红线区域涵盖了主体功能区的禁止开发区和重点生态功能区的部分区域。由于国家公园、自然保护区、森林公园的生态保育区和核心景观区、风景名胜区的核心景区、地质公园的地质遗迹保护区、世界自然遗产的核心区和缓冲区、湿地公园的湿地保育区和恢复重建区、饮用水水源地的一级保护区、水产种质资源保护区的核心区及其他类型禁止开发区的核心保护区域等以点状或者斑块状嵌入重点生态功能区，因此将研究的生态保护红线区域等同于限制开发区（重点生态功能区），同时考虑到人类社会经济活动指标的可获取性，以县市为基本研究单元。

基于以上考虑，研究区域选择在国家限制开发区——我国西部的渭干河流域和中部的淮河流域上游地区。一方面，分析流域生态功能定位所引起的土地利用方式的改变，进而导致的生态系统结构及功能的改变，以及生态系统服务的变化对居民福祉产生的影响；另一方面，研究如何以生态补偿的方式解决由生态功能定位所产生的福祉差异性和贫困问题。

三　淮河流域的重要地位及重要生态功能区特点①

淮河流域是河南省"四区三带"生态安全格局的重要组成，也是新型城镇化和工业化的重要区域。伴随河南省城镇化水平不断提升、工业化逐步加快，流域局部地区生态环境问题日益突出，与经济发展的矛盾不断加剧。因此，在顾及主体功能定位及生态保护红线条件下，定量评价淮河流域生态环境时空变化及其与经济的协调关系，明晰区域经济水平滞后及居民致贫的关键因子，完善基于生态价值的流域多元主体生态补偿机制与基于耕地多功能性的保护补偿机制，可为进一步深入推进主体功能区规划和生态保护红线实施、加快构建流域生态文明制度体系提供政策路径，对于保障流域生态经济安全及贫困居民福祉不断提升有重要的现实意义。

（一）自然地理概况

河南省淮河流域位于河南省南部，其地理坐标为北纬 31°23′~35°01′，东经 112°14′~116°39′，流域面积 8.83 万 km²，约占河南省总面积的52.8%，占整个淮河流域总面积的 31.54%。以平原为主，同时也有一些地区处于山地、丘陵和湖泊等地势中。在山地中，海拔最高的是 2153m的尧山，其他山地区的海拔则在 200~1800m。总体来看，南部要普遍高于西部，这可能是因为受到太行山脉的影响。而丘陵与湖泊则分布较少。处于我国南北气候的过渡带，气候特征明显，为暖温带和亚热带的季风气候。降雨自南向北逐渐递减，多年平均气温为 11~16℃，自北向南递增。

（二）社会经济状况

河南省淮河流域包括商丘、周口、信阳、漯河、开封、许昌、平顶山 7

---

① 乔旭宁，王林峰，牛海鹏，等. 基于 NPP 数据的河南省淮河流域生态经济协调性分析. 经济地理，2016，36（7）：173-181.

个省辖市全域，及洛阳、郑州、驻马店、南阳 4 个省辖市的部分区域。人口约占河南省总人口的 59%，地区生产总值约占河南省的 54%（杨朝兴，2012）。该区域属于经济发展滞后地区。城镇化水平总体较低，近年来提升较快。

（三）流域生态环境及问题

1. 淮河流域生态环境状况

淮河流域水资源可利用总量为 392 亿 m^3，可利用率达 49%。根据近 20 年淮河流域同期平均水资源总量以及供水量分析，淮河流域水资源开发利用率为 49%，其中地表水开发利用率为 51%，浅层地下水开采率为 48%。淮河流域中等干旱以上枯水年份地表水资源利用率基本在 80% 以上。

2. 淮河流域存在的问题

（1）水资源短缺，供需矛盾突出

淮河流域可用水资源逐年降低与水资源需求量逐年增加之间的矛盾突出。不断增加的人口使得工业用水、农业用水和生活用水间产生了结构性矛盾，流域内的水资源问题治理已经迫在眉睫。

（2）水资源利用效率低，节水意识不强

流域内水资源浪费严重，水资源利用率较低。流域内的农业用水量大，灌溉技术相对落后，水资源利用率低。而工业用水也是流域内的用水"大户"，但水的重复利用率只有 20%~30%，城镇人均用水量高达 178L/d，相较发达国家水资源利用率较低。

（3）水污染严重

淮河流域的水资源污染严重。大量的工业废水和生活污水的倾倒，使得污染状况不断加剧，严重超出了水体自身的净化能力，水资源的利用率不断降低，打破了周边的生态平衡，损害了流域沿岸居民的自身利益。经过相关部门的检测，流域内可利用的水资源不断缩减，生态环境的治理已经迫在眉睫。

四　渭干河流域的重要地位及重要生态功能区特点

以西北内陆干旱地区的国家级重点生态功能区新疆塔里木河主要支流之一的渭干河流域为例。

（一）自然地理概况

渭干河流域位于天山南坡与塔里木盆地北缘间，位于阿克苏地区，主要包括阿克苏地区东部的拜城县、新和县、沙雅县、库车市（部分）及温宿县（东北山区部分），面积约为 2.7 万 km^2。拜城盆地 5 条较大的河流汇流后形成渭干河，通过却勒塔格山缺口流向库沙新冲洪积平原，在下游形成英大雅河和沙雅河分支河流，拜城盆地对渭干河流域地下水的形成起到重要作用。随着新构运动的作用，流域气候更趋干旱，蒸发作用强烈，人类活动加剧，水库及引水设施大量引用河水致使渭干河干涸，已无河水汇入塔里木河，下游区地下水位高，盐碱地面积增大。此外，人们在利用水资源时存在渠系严重渗漏、大水漫灌、工农业生产单位耗水量偏高等问题。

（二）社会经济状况

渭干河流域是一个以维吾尔族为主体的多民族聚居区。水土光热条件得天独厚，既是传统的农业灌溉生产区，又是全疆粮棉生产基地，盛产棉花、小麦、玉米、瓜果等农作物。从各县域的地区生产总值（见表1-1）可以看出库车市远高于其他三个县域，其中第二产业所占比重最大，其次是第一产业，库车市具有丰富的矿产资源、土地资源、水资源，且地缘、交通、通信条件优越；新和县的地区生产总值最小，其农业在三次产业中所占比例最大，第二产业占比最小；拜城县和沙雅县地区生产总值相差不大，拜城县以第二产业为主，具有丰富的土地资源、矿藏资源、动物资源、植物资源；沙雅县以第三产业为主，其独特的地形地貌、自然保护区、古城等旅游资源较为丰富。

表1-1　2023年渭干河流域各县域地区生产总值和产业结构

地区	地区生产总值（亿元）	三次产业结构比例
新和县	88.44	33.6∶22.2∶44.2
拜城县	165.32	13.57∶64.05∶22.38
库车市	403.11	11.0∶58.6∶30.4
沙雅县	133.54	27.1∶35.1∶37.8

注：温宿县涉及渭干河流域面积小，未纳入研究。
资料来源：阿克苏地区统计年鉴。

（三）流域水资源存在的问题

渭干河流域水资源开发利用中存在的主要问题是水资源短缺、时空分布不均、利用效率低、缺乏科学管理、生态环境脆弱等。渭干河灌区现有灌溉面积23.67万 hm^2，以农业经济为主，主要包括棉花、小麦、玉米和其他经济林果业，现已发展成为自治区大型灌区和优质棉生产基地（安小敏等，2010）。近年来，随着人口数量的增加和农产品价格的提高，区内耕地面积持续增加，节水设施的缺乏和不合理的灌溉方式，导致水资源大量浪费，区域内的生态环境受到严重破坏，严重阻碍了工业和城市化进程。

参考文献

[1] 安小敏，张宏科，高建伟，2010.2009年度新疆渭干河灌区农业用水供需矛盾突出的成因分析及对策. 水利建设与管理，30（3）：64-65.

[2] 陈先根，2016. 论生态红线概念的界定. 硕士学位论文，重庆大学.

[3] 高吉喜，2015. 探索我国生态保护红线划定与监管. 生物多样性，23（6）：705-707.

[4] 林勇，樊景凤，温泉，刘述锡，李滨勇，2016. 生态红线划分的理论和技术. 生态学报，36（5）：1244-1252.

[5] 彭娇婷，2016. 生态红线区综合性生态补偿机制探索. 山东林业科技，46（6）：97-99.

[6] 施业家，吴贤静，2016. 生态红线概念规范化探讨. 中南民族大学学报（人文社会科学版），36（3）：149-153.

[7] 侍昊，李旭文，牛志春，王甜甜，刘绿怡，2015. 浅谈生态保护红线区生态系统管

理研究概念框架．环境监控与预警，7（6）：6-9.

[8]　陶恒，宋小宁，2010．生态补偿与横向财政转移支付的理论与对策研究．创新，
　　　4（2）：82-85.

[9]　田志强，贾克敬，张辉，吕晓，2016．我国划定生态红线的政策演进分析．生态经
　　　济，32（9）：140-144+156.

[10]　王梅，2015．生态红线制度实施中的公众参与．中南林业科技大学学报（社会科学
　　　版），9（6）：93-96.

[11]　闻乃余，2015．关于划定和落实生态红线的思考．污染防治技术，28（2）：72-74.

[12]　徐德琳，邹长新，徐梦佳，游广永，吴丹，2015．基于生态保护红线的生态安全格
　　　局构建．生物多样性，23（6）：740-746.

[13]　许丽丽，李宝林，袁烨城，高锡章，张涛，2016．基于生态系统服务价值评估的我
　　　国集中连片重点贫困区生态补偿研究．地球信息科学学报，18（3）：286-297.

[14]　杨朝兴，2012．系统论视角下的淮河流域生态保育探析——以河南省辖淮河流域为
　　　例．农业环境与发展，29（3）：80-82.

[15]　袁伟彦，周小柯，2014．生态补偿问题国外研究进展综述．中国人口·资源与环
　　　境，24（11）：76-82.

[16]　袁志丽，2015．对我国环保法中生态红线保护制度的思考．法制与社会，（17）：
　　　46-47.

[17]　张雪，2016．生态红线的法律保障研究．硕士学位论文，辽宁大学．

[18]　朱前涛，2015．生态红线与耕地红线的基本概念比较．山西农业科学，（3）：24-26.

[19]　邹长新，王丽霞，刘军会，2015．论生态保护红线的类型划分与管控．生物多样，
　　　23（6）：716-724.

第二章 流域土地利用与生态系统服务

本章导读

➤ 生态系统服务是由生态系统提供的、能直接或间接提升人类福祉的产品和服务。

➤ 以淮河流域为研究区域，基于 2000 年、2005 年、2010 年、2015 年四期淮河流域土地利用数据，分析土地利用变化情况，依据景观指标探讨土地利用的景观尺度特征。

➤ 采用价值量评价法测算淮河流域的生态系统服务价值。

➤ 引入生态贡献率与敏感性指数，分析土地利用变化对生态系统服务的影响，为流域土地利用政策制定和生态安全格局构建提供依据。

第一节 研究思路与内容

一 研究目的和意义

生态系统服务是指生态系统及生态过程所形成与维持人类赖以生存和发展的环境条件与效用（张振明和刘俊国，2011；Daily，1997），为人类直接或间接从生态系统中获得的所有效益，包括对人类生存及生活质量有贡献的生态系统产品和生态系统服务功能（李双成，2014）。2005 年由联合国发布的《千年生态系统评估报告》指出，人类赖以生存的生态系统有 60%

正处于不断退化的状态，自然资源的 2/3 已被损耗（MA，2005）。土地利用是人类与自然系统联系最为紧密的环节，是指人类根据土地的自然特点，按照一定的社会经济目的，运用技术手段对土地长期进行经营管理或改造。土地利用变化是指土地自身变化或人类活动方式变化引起的土地利用类型及使用程度的变化，是人类活动与自然生态环境相互作用的集中体现（王军和顿耀龙，2015；Turner et al.，1995）。土地利用变化既会引起地表结构的较大变化，也会极大程度地影响区域气候、水文、土壤以及生物多样性和生物循环，进而影响整个生态系统的结构和功能（王军和顿耀龙，2015；Turner et al.，1995；石龙宇等，2010）。土地利用变化作为全球环境变化的核心领域，通过对生态系统过程的影响，直接或间接地改变生态系统的结构和功能，对生态系统维持其服务起决定性作用（傅伯杰和张立伟，2014）。

淮河流域包含湖北、河南、安徽、山东、江苏 5 省 40 个地级市，国家粮油产业基地位于该区域，人口密度居各大江河流域之首。随着经济的快速发展和城镇化水平的不断提高，人类活动对生态系统的影响日益加剧，土地利用方式发生深刻变化，生态系统结构和功能也不断发生演替。如何理解土地利用方式与生态系统服务变化的时空规律？二者在时空变化过程中是否存在权衡与协同效应？这种效应在景观尺度上如何表征？上述问题的解决对于深刻理解人类活动对生态系统的扰动作用有重要的理论价值，对于优化流域土地利用结构、保障流域生态安全、实现流域人类与自然生态系统的协调可持续发展具有重要应用价值。

二　国内外研究进展

（一）土地利用变化

土地利用与覆被变化是国内外学者研究的重要热点领域，最早始于 19 世纪。土地利用变化研究可分为两个阶段：第一阶段，土地利用变化研究偏重于土地生产利用与规划，满足人类利用土地功能的需求；第二阶段，土地利用变化研究偏向于土地利用的生态环境效益影响与评价，而且逐渐重视土地利用变化对全球变化、地区生态环境及资源安全或生态安全的影响等方面（谭少华和倪绍祥，2006）。具有重大影响力的研究分别是"国际地圈与生物圈计划"（IGBP）和"全球环境变化人文因素计划"（IHDP），它们都将土地利用/覆被变化（Land Use and Land Cover Change，LUCC）作为自己的核心研究项目。目前，对土地利用变化的研究主要集中在土地利用变化过程及驱动机制和土地覆被变化对环境的影响两个方面（张新荣等，2014）。

常用的土地利用变化研究方法有监测方法、统计方法、模型研究 3 种。结合 RS 和 GIS 技术，通过土地利用变化数量模型，能够反映土地利用面积变化、空间变化形式等，相关方法包括土地利用动态度指数、土地利用程度综合指数、土地转移矩阵等。统计方法应用于土地利用变化研究，有助于深入了解区域内"人—环境"的耦合关系，可采用减少数据冗余的方法和回归分析方法；因子分析法、主成分分析法是常用的减少数据冗余的方法，回归分析方法包含线性回归、Logistic 回归、多水平统计模型等。通过模型研究能够清晰地理解和分析土地利用/覆被变化过程及导致其变化的驱动力，或使用情景分析的方式对未来土地利用/覆被情况进行模拟和预测。土地利用模型主要有回归模型、马尔科夫链模型、CLUE（the Conversion of Land Use and its Effects）模型等（张靖等，2013）。

（二）土地利用变化对生态系统服务的影响

土地利用变化过程与生态系统服务之间有密切联系，前者对后者的影响主要表现在 3 个方面。①不同的土地利用类型侧重于不同的生态系统服务功能，产生的主要生态系统服务有所差异（王军和顿耀龙，2015；傅伯杰和张立伟，2014）。土地利用类型的变化造成诸如生态系统的能量交换、水分循环、土壤侵蚀与堆积等主要生态过程发生变化，从而改变生态系统服务。②土地利用格局（景观格局）变化对生态系统服务有显著影响（傅伯杰和张立伟，2014）。不同土地利用格局导致不同的景观指数，带来不同的生态效应，并进一步对生态系统服务产生影响。③土地利用强度不同，对生态系统服务产生的影响也不同。一般来说，在人类干扰程度较低的自然生态系统下，供给服务提供能力相对较弱，但是调节服务和支持服务的能力较强；而在人类适度干扰的情况下，往往供给服务的能力较强，调节服务与支持服务的能力较弱；当人类干扰特别强烈，造成土地退化时，各种生态系统服务的供给都受到严重威胁（傅伯杰和张立伟，2014；Fu et al.，2015）。土地利用变化对生态服务功能影响的研究主要采用 2 种方法（王雅和蒙吉军，2017）：一种侧重于生态系统服务价值的评估，此种方法能够定量地反映不同时期生态服务功能价值的差异（赵丹等，2013）及生态系统服务价值在不同土地利用类型和单项生态系统服务功能方面的差异；另一种侧重于定量研究，多采用简单相关系数分析，能够反映土地利用程度与各项生态系统服务之间的相关性（黄云凤等，2012）、景观指数与各项生态系统服务之间的相关性（王航等，2017；王云等，2014），但与实际生态过程结合不够，对土地利用类型转变对生态系统服务变化的影响考虑不足。

众多学者针对土地利用变化与生态系统服务分别在全国（Wang et al.，2014）、省市范围（梁欣等，2006；彭文甫等，2014）、平原（Wang et al.，2006）、流域（王新华和张志强，2004）等地区开展研究。Wang 等采用谢高地评价指标体系，评估全国不同区域的生态系统服务价值，结合土地利用数据分析，提出由于土地利用变化，生态系统服务价值总量减少 1.52%（Wang et al.，2014）；Wu 等在杭州地区研究土地利用变化及经济发展对区域生态系统服务的影响，结果表明土地利用变化与经济发展引起区域生态系统服务价值下降 24.04%（Wu et al.，2013）；Peng 等以中国西部成都市为例，引入敏感性指数和变率函数，研究 1978~2010 年土地利用变化对生态系统服务的影响，结果表明土地利用变化是生态系统服务价值转移和流动的主要原因（Peng et al.，2016）；陈志云等以梅州高新区为例，研究小尺度区域的土地利用快速变化及其引起的生态系统服务价值变化（陈志云等，2016）；王宗明等采用谢高地指标体系评估三江平原生态系统服务价值，利用两期土地数据分析土地利用变化引起的生态系统服务变化，结果表明 1980~2000 年湿地转变为农田是三江平原生态系统服务价值下降的主要原因（王宗明等，2004）；周厚侠等采用 Costanza 计算公式，以黑河中游为研究区，分析表明 2000~2010 年水体、耕地对区域总体服务功能变化的贡献率最大（周厚侠和望勇，2016）。

三 研究目标与研究内容

（一）研究目标

以淮河流域为研究区，分析 2000~2015 年流域土地利用及景观格局变化情况，对流域生态系统服务及供给服务、调节服务、支持服务和文化服务进行评估，探讨土地利用变化对生态系统服务的影响，为流域土地利用政策的制定、流域生态安全格局的构建提供依据。

（二）研究内容

研究内容主要包括以下几个部分。

（1）根据 2000 年、2005 年、2010 年、2015 年四期土地利用现状图，从时间和空间角度分析不同时期土地结构变化，引入土地利用动态度分析土地利用变化程度，用土地利用类型转移矩阵分析各土地利用类型之间的转变，用土地利用程度分析研究期内人类对土地的干扰程度，采用景观指数分析土地空间格局演变。

（2）参考生态系统当量因子表，结合淮河流域的粮食产量及粮食价格，估算淮河流域 2000 年、2005 年、2010 年、2015 年的生态系统服务价值，分析生态系统服务及供给服务、调节服务、支持服务和文化服务的时空变化。

（3）采用生态贡献率分析不同土地利用方式转变引起生态系统服务变化的程度；引用敏感性指数分析生态系统服务变化对土地利用变化的敏感度；运用相关分析法分析生态系统服务及供给服务、调节服务、支持服务、文化服务与土地利用程度的相关性，各土地利用类型的生态系统服务价值与景观指数的相关性，生态系统服务及供给服务、调节服务、支持服务、文化服务与景观水平指数的相关性。

四 研究方法与技术路线

选取的研究区为淮河流域，研究数据包括 2000 年、2005 年、2010 年和 2015 年四个年份的土地利用空间数据与社会经济属性相关数据。首先，根据四期土地利用数据，利用 ArcGIS、Fragstats 等软件，采用指数分析法，分析淮河流域土地利用变化情况。其次，依据淮河流域生态系统服务价值测算模型，计算淮河流域 2000 年、2005 年、2010 年、2015 年生态系统服务价值，分析生态系统服务时空变化情况。最后，采用生态贡献率、敏感性指数、相关分析法分析土地利用变化对生态系统服务的影响。技术路线如图 2-1 所示。

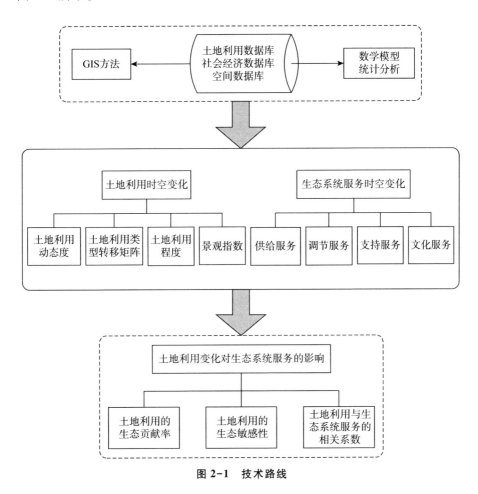

图 2-1　技术路线

第二节　研究区概况与分析方法

一　研究区概况

（一）研究区地理位置

淮河流域位于中国中东部（东经 111°55′~121°20′，北纬 30°55′~36°20′），西起伏牛山、桐柏山，东临黄海，南以大别山、江淮丘陵、通扬运河及如泰运河南堤与长江流域分界，北以黄河南堤、沂蒙山脉与黄河流域毗邻，跨湖北、河南、安徽、江苏、山东五省，涵盖 40 个地级市 181 个县（市）。淮河流域总面积为 26.21 万 km²，其中湖北省占总面积的 0.24%，河南省占 31.54%，安徽省占 26.13%，江苏省占 24.12，山东省占 17.96%。①

（二）自然与社会经济特征

1. 自然特征

淮河流域平均高程为 202m，最低高程为 99m，最高高程为 1871m，整体地势由西北向东南倾斜，主要地形为山地、丘陵和平原，山地集中在流域的西部、西南部及东北部，丘陵位于山地的边缘地区，其余部分大多为平原，平原面积约占流域面积的 2/3。淮河流域地处南北气候过渡带，淮河以北属暖温带季风气候区，淮河以南属亚热带季风气候区，流域内自北向南形成暖温带向亚热带过渡的气候类型。淮河流域以废黄河为界，分为淮河和沂沭泗河两大水系，两大水系通过京杭大运河、分淮入沂水道和徐洪河沟通。淮河发源于河南省桐柏山，向东流经鄂、豫、皖、苏四省；沂沭泗河水系位于流域东北部，由沂河、沭河、泗河组成，均发源于沂蒙山区。

2. 社会经济特征

淮河流域跨鄂、豫、皖、苏、鲁五省，包括 40 个地级市 181 个县（市），总人口为 1.65 亿人，约占全国总人口的 12%，平均人口密度为 611 人/km²，是全国人口密度的 4.8 倍，居各大江河流域人口密度之首。② 淮河流域内具有

---

① 资料来源：淮河水利网。

② 资料来源：http://www.mwr.gov.cn/szs/hl/201612/t20161222_776385.html。

储量丰富的岩盐资源，煤炭资源主要分布在淮南、淮北、豫东、徐州、鲁南等矿区；流域内气候、土地、水资源等条件较优越，适宜发展农业生产，是我国重要的粮、棉、油基地。淮河流域交通发达，沟通南北，连接东西，流域内铁路干线密布、公路网密集，京杭大运河、淮河支流是重要的水上运输航道。淮河流域内劳动力充足，具有较好的现代工业基础，区位优势明显，吸引产业转移的条件较优越，经济发展的资源约束力小，发展的潜力和空间大。

（三）土地利用引发的生态环境问题

近年来，淮河流域社会经济发展迅速，快速的工业化和城镇化改变了流域的土地利用结构，给流域环境带来一系列影响，水土流失日益加剧，土壤污染严重，质量下降；一些重大跨流域调水工程（南水北调中线工程、东线工程，引江济淮工程）陆续实施，破坏沿线的生物多样性，削弱河湖的水质净化、涵养水源的能力，区域生态环境受到严重影响，威胁流域的生态安全。本书通过土地利用变化及流域生态系统服务变化，分析土地利用对区域生态系统服务的影响，以期协调土地利用与生态建设，为流域可持续发展及保障生态安全提供决策支持。

二　土地利用变化分析方法

（一）土地利用动态度

土地利用动态度可分为单一土地利用动态度和综合土地利用动态度两种。为了表征研究区某段时间内某种土地利用类型的变化速度，选取单一土地利用动态度（刘袛坤等，2015）模型来表示：

$$K = \frac{A_b - A_a}{A_a} \times \frac{1}{T} \times 100\% \tag{2-1}$$

式中，K 为研究时段内某一土地利用类型动态度，A_a、A_b 分别为研究时段初期、末期某一类土地利用类型的面积，T 为研究时长，当 T 的时长设定为 1 年时，K 的值就是研究区某一土地利用类型的年均变化率。

为了从总体上反映研究区某段时间内各土地利用类型相互转变的剧烈

程度，选择综合土地利用动态度模型来表示：

$$LC = \frac{\sum_{i=1}^{n} \Delta LU_i}{2 \times \sum_{i=1}^{n} LU_i} \times \frac{1}{T} \times 100\% \qquad (2-2)$$

式中，LC 为研究时段内综合土地利用动态度，i 为土地利用类型的类别，n 为划分的土地利用类型数量，LU_i 为研究初期第 i 类土地利用类型的面积，ΔLU_i 为研究时段内第 i 类土地利用类型转化为非 i 类土地利用类型的面积，T 为研究时长，当 T 的时长设定为 1 年时，LC 的值就是研究区内年均土地利用动态度。

（二）土地利用类型转移矩阵

土地利用类型转移矩阵能够描述土地利用类型内部转移的情况，既考虑了土地利用变化的数量，又兼顾了土地利用变化的方向（邹淑燕等，2017），采用矩阵的形式列出土地利用类型变化的面积。该方法源自系统分析中对系统状态与转移状态的定量描述（杨清可等，2017），采用矩阵的方式呈现。土地利用类型转移矩阵是通过 GIS 软件的空间叠加功能获得的，通过矢量图形叠加，生成土地利用动态变化图，获得动态变化数据库，从而得到土地利用类型转移矩阵，进而才能分析各种土地利用类型之间的相互转化情况（常上等，2015）。

（三）土地利用程度

土地利用程度不仅可以反映不同区域自然条件对土地利用的制约，还可以反映人类对土地的利用程度，进而可以表征人类活动对不同生态系统造成的影响。根据各土地利用程度的分级指数，计算研究区的土地利用程度综合指数（杨永菊等，2014），用于量化土地利用程度的高低。计算公式如下：

$$D = \sum_{i=1}^{n} \left(G_i \times \frac{A_i}{A} \right) \times 100\% \qquad (2-3)$$

式中，D 为土地利用程度综合指数，n 为划分的土地利用类型数，G_i 为

第 i 类土地利用类型对应的土地利用程度分级指数，A_i 为第 i 类土地利用类型的面积，A 为研究区域内土地总面积。

（四）景观指数

景观指数高度浓缩景观格局信息，是反映其结构组成和空间配置等某些方面特征的简单定量指标。它能用来描述景观格局，进而建立景观结构与过程或现象的联系，有助于更好地解释与理解景观功能（陈希等，2016）。从景观类型的面积、景观破碎化程度等方面选取景观指标。在景观类型水平上选取斑块类型面积（CA）、斑块面积比例（$PLAND$）、斑块数量（NP）、斑块密度（PD）、景观形状指数（LSI）、聚集度（$CLUMPY$）；景观水平上选取斑块数量（NP）、斑块密度（PD）、景观形状指数（LSI）、蔓延度（$CONTAG$）、香农多样性指数（$SHDI$）、香农均匀度指数（$SHEI$），计算方法（Wang et al.，2018；刘宇等，2011；何鹏和张会儒，2009）如表 2-1 所示。

表 2-1　景观指数描述

景观指数	公式	描述
斑块类型面积（CA）	$CA = \sum_{j=1}^{n} A_{ij}$	A_{ij} 代表斑块类型 i 中第 j 个斑块的面积，n 为某一斑块类型的数量，CA 指某一斑块类型的面积
斑块面积比例（$PLAND$）	$PLAND = \dfrac{CA}{TA} \times 100\%$	TA 为整个景观面积（m^2），$PLAND$ 指某一斑块类型面积占景观整体面积的比例
斑块数量（NP）	$NP = N$	N 为斑块数
斑块密度（PD）	$PD = \dfrac{N}{TA} \times 10^6$	TA 为整个景观面积（m^2），PD 指单位面积上斑块的个数
景观形状指数（LSI）	$LSI = \dfrac{0.25 \times E}{\sqrt{TA}}$	E 为所有斑块边界的总长度；LSI 反映景观形状的复杂程度，景观形状越不规则，LSI 值越大
聚集度（$CLUMPY$）	$C = C_{max} + \sum_{i=1}^{n} \sum_{j=1}^{n} P_{ij} \ln(P_{ij})$	C 为生态系统聚集度指数；P_{ij} 为斑块类型 i 与 j 相邻的概率；n 为各类生态系统斑块总数；C_{max} 为 P_{ij} 参数的最大值

景观指数	公式	描述
蔓延度 （CONTAG）	$CONTAG = \left(1 + \sum\limits_{i=1}^{n}\sum\limits_{j=1}^{n}\dfrac{P_{ij}\times\ln P_{ij}}{2\times\ln n}\right)\times 100\%$	P_{ik} 为随机选择的两个相邻斑块属于类型 i 与 k 的概率，$CONTAG$ 反映景观中不同斑块类型的蔓延趋势
香农多样性指数（SHDI）	$SHDI = -\sum\limits_{i=1}^{n}(P_i\times\ln P_i)$	n 为斑块类型数，P_i 为斑块类型 i 占景观总面积的比例，$SHDI$ 反映景观的多样性
香农均匀度指数（SHEI）	$SHEI = \dfrac{SHDI}{\ln n}$	n 为斑块类型数，$SHEI$ 反映景观的均匀度和优势度

三　生态系统服务价值及分析方法

（一）生态系统服务价值

在 Costanza 等（1997）提出的生态系统服务价值的理论基础上，结合我国学者谢高地等构建的中国生态系统服务价值当量因子表（见表 2-2），构建淮河流域的生态系统服务价值测算模型。1 个标准单位的生态系统服务价值当量因子为 1 公顷的农田平均粮食经济价值的 1/7（黄凤等，2013），结合淮河流域单位面积粮食产量和粮食的平均价格，计算出生态系统服务价值的当量因子为 633827.08 元/公顷。生态系统服务价值测算公式如下：

$$VC_{ik} = e_{ik}\times E \qquad (2-4)$$

$$ESV_i = \sum VC_{ik}\times A_i \qquad (2-5)$$

$$ESV = \sum_{i=1}^{n} ESV_i \qquad (2-6)$$

式中，E 为生态系统服务价值当量因子（元/公顷），e_{ik} 为第 i 类土地利用类型的第 k 项生态系统服务的标准单位价值，VC_{ik} 为第 k 项生态系统服务在第 i 类土地利用类型的单位面积生态系统服务价值（元/公顷），A_i 为第 i 类土地利用类型的面积，ESV_i 为第 i 类土地利用类型的生态系统服务价值，ESV 为研究区的生态系统服务价值。

表 2-2　生态系统服务价值当量因子表

一级服务类型	二级服务类型	耕地	林地	草地	水域	建设用地	未利用地
供给服务	食物生产	1.00	0.33	0.43	0.53	0.00	0.02
	原材料生产	0.39	2.98	0.36	0.35	0.00	0.04
调节服务	气体调节	0.72	4.32	1.50	0.51	0.00	0.06
	气候调节	0.97	4.07	1.56	2.06	0.00	0.13
	水文调节	0.77	4.09	1.52	18.77	0.00	0.07
	废物处理	1.39	1.72	1.32	14.85	0.00	0.26
支持服务	保持土壤	1.47	4.02	2.24	0.41	0.00	0.17
	维持生物多样性	1.02	4.51	1.87	3.43	0.00	0.40
文化服务	提供美学景观	0.17	2.08	0.87	4.44	0.00	0.24
总计		7.90	28.12	11.67	45.35	0.00	1.39

（二）生态贡献率

不同土地利用类型对生态系统服务影响的侧重点不同，采用生态贡献率可反映土地利用方式转变对生态系统服务变化的影响程度（王友生等，2012）。计算公式如下：

$$EI = \frac{(VC_j - VC_i) \times LUC_{ij}}{\sum (VC_j - VC_i) \times LUC_{ij}} \times 100\% \qquad (2-7)$$

式中，EI 为土地利用方式转变对生态系统服务价值增加或减小的生态贡献率，VC_j、VC_i 分别表示第 j 类、第 i 类土地利用类型的单位面积生态系统服务价值，LUC_{ij} 为研究时期内从第 i 类转变为第 j 类的土地面积。

（三）敏感性指数

引入经济学的弹性理论来测度生态系统服务价值变化对土地利用变化的敏感程度，将其定义为生态系统服务价值的变化率与综合土地利用动态度的比值（Han et al.，2016）。计算公式如下：

$$SI = \left| \frac{(ESV_b - ESV_a)/ESV_a}{LC} \times \frac{1}{T} \times 100\% \right| \qquad (2-8)$$

式中，SI 为生态系统服务价值对土地利用变化的敏感性，ESV_b、ESV_a 分别为研究时段末期、初期的生态系统服务价值，LC 为综合土地利用动态度，T 为研究时长。SI 值越高，表明生态系统服务价值对土地利用方式转变越敏感。

四 数据来源

使用土地利用数据集、统计资料数据集、其他数据集三个数据集探讨淮河流域土地利用变化情况，测算流域生态系统服务价值，分析土地利用变化对生态系统服务的影响。

（一）土地利用数据集

淮河流域 2000 年、2005 年、2010 年、2015 年四期土地利用数据来源于中国科学院资源环境科学数据平台（http://www.resdc.cn/）。该数据是基于多期 Landsat TM/ETM 遥感影像，通过人工目视解译获得土地利用数据。将多期土地利用数据归纳为耕地、林地、草地、水域、建设用地和未利用地 6 类。

（二）统计资料数据集

粮食产量数据来源于湖北统计年鉴（https://tjj.hubei.gov.cn/tjsj/sjkscx/tjnj/qstjnj/index.shtml）、河南统计年鉴（https://tjj.henan.gov.cn/tjfw/tjcbw/tjnj/）、安徽统计年鉴（https://tjj.ah.gov.cn/ssah/qwfbjd/tjnj/index.html）、江苏统计年鉴（https://tj.jiangsu.gov.cn/col/col91733/index.html）、山东统计年鉴（http://tjj.shandong.gov.cn/col/col6279/index.html）。粮食价格数据来源于中国统计年鉴（https://www.stats.gov.cn/sj/ndsj/）。

（三）行政界线、城市驻地等信息数据

各级行政单元的行政界线、城市驻地等信息数据来自国家基础地理信息中心 1∶100 万数据库（https://www.webmap.cn/commres.do? method = result100W）。

第三节 流域土地利用变化及景观格局

一 土地利用时空变化格局

淮河流域土地利用类型中，耕地、建设用地分布最为广泛，耕地集中分布在流域的平原地区，建设用地分布在市辖区周边，水域集中分布在南四湖、骆马湖、洪泽湖、高邮湖等地区，林地、草地集中分布在西部的伏牛山、西南部的桐柏山、南部的大别山以及东北部的沂蒙山脉地区。淮河流域土地利用类型面积比例从高到低依次为耕地、建设用地、林地、水域、草地、未利用地（见表2-3）。

2000年，淮河流域耕地面积为181468.58km²，占流域总面积的69.23%；其次为建设用地35676.61km²、林地23504.28km²、水域15352.35km²，分别占流域总面积的13.61%、8.97%、5.86%；草地面积较小为5723.02km²，占流域总面积的2.18%；而未利用地面积最小为403.33km²，仅占流域总面积的0.15%。

2005年，淮河流域耕地面积为178188.82km²，比2000年减少3279.76km²；其次为建设用地38740.40km²、林地24114.01km²、水域15225.40km²，分别比2000年增加3063.79km²、增加609.73km²、减少126.95km²；草地面积较小为5510.21km²，比2000年减少212.81km²；而未利用地面积最小为349.33km²，比2000年减少54km²。2000~2005年耕地、草地、水域、未利用地的面积减少，林地、建设用地的面积增加。

2010年，淮河流域耕地面积为173625.48km²，比2005年减少4563.34km²；其次为建设用地43337.35km²、林地24110.78km²、水域15329.51km²，分别比2005年增加4596.95km²、减少3.23km²、增加104.11km²；草地面积较小为5350.07km²，比2005年减少160.14km²；而未利用地面积最小为374.98km²，比2005年增加25.65km²。2005~2010年耕地、林地、草地的面积减少，水域、建设用地、未利用地的面积增加。

2015年，淮河流域耕地面积为192359.40km²，比2010年增加18733.92km²；其次为建设用地30765.70km²、林地16349.42km²、水域12651.85km²，分别比2010年减少12571.65km²、减少7761.36km²、减少2677.66km²；草地面积较小为9716.27km²，比2010年增加4366.20km²；而未利用地面积最小为285.53km²，比2010年减少89.45km²。2010~2015年耕地、草地的面积增加，林地、水域、建设用地、未利用地的面积减少。

2000~2015年淮河流域土地利用类型总体变化显著，耕地、草地的面积增加，而林地、水域、建设用地、未利用地的面积减少。其中草地面积从2000年

单位：km²

表 2-3 2000~2015 年淮河流域各土地利用类型面积及其变化

类型	2000 年	2005 年	2010 年	2015 年	2000~2005 年变化	2005~2010 年变化	2010~2015 年变化	2000~2015 年变化
耕地	181468.58	178188.82	173625.48	192359.40	-3279.76	-4563.34	18733.92	10890.82
林地	23504.28	24114.01	24110.78	16349.42	609.73	-3.23	-7761.36	-7154.86
草地	5723.02	5510.21	5350.07	9716.27	-212.81	-160.14	4366.20	3993.25
水域	15352.35	15225.40	15329.51	12651.85	-126.95	104.11	-2677.66	-2700.50
建设用地	35676.61	38740.40	43337.35	30765.70	3063.79	4596.95	-12571.65	-4910.91
未利用用地	403.33	349.33	374.98	285.53	-54	25.65	-89.45	-117.8

的 5723.02km^2 增加到 2015 年的 9716.27km^2，增加了 69.78%，变化最显著；耕地面积从 2000 年的 181468.58km^2 增加到 2015 年的 192359.40km^2，增加了 6.00%；林地面积从 2000 年的 23504.28km^2 减少到 2015 年的 16349.42km^2，减少了 30.44%；水域面积从 2000 年的 15352.35km^2 减少到 2015 年的 12651.85km^2，减少了 17.59%；建设用地面积从 2000 年的 35676.61km^2 减少到 2015 年的 30765.70km^2，减少了 13.77%；未利用地面积从 2000 年的 403.33km^2 减少到 2015 年的 285.53km^2，减少了 29.21%。

二　土地利用动态度分析

土地利用动态度可以较好地表征某段时间内土地利用变化的速度。将整个研究期划分为三个阶段，分别为 2000~2005 年、2005~2010 年及 2010~2015 年，以分析不同研究时段土地利用的动态变化情况。

（1）2000~2005 年，耕地土地利用动态度为 -0.36%，林地土地利用动态度为 0.52%，草地土地利用动态度为 -0.74%，水域土地利用动态度为 -0.17%，建设用地土地利用动态度为 1.72%，未利用地土地利用动态度为 -2.13%，流域总体土地利用动态度为 0.31%（见表 2-4）。5 年间变化速度最快的土地利用类型是未利用地，其次是建设用地、草地、林地。

表 2-4　2000~2015 年淮河流域土地利用动态度

单位：%

类型	2000~2005 年	2005~2010 年	2010~2015 年	2000~2015 年
耕地	-0.36	-0.51	2.16	0.40
林地	0.52	0.00	-6.44	-2.03
草地	-0.74	-0.58	16.32	4.65
水域	-0.17	0.14	-3.49	-1.17
建设用地	1.72	2.37	-5.80	-0.92
未利用地	-2.13	2.08	-8.63	-2.93
流域总体	0.31	0.33	3.30	1.04

（2）2005~2010 年，耕地土地利用动态度为 -0.51%，林地土地利用动

态度为 0，草地土地利用动态度为－0.58%，水域土地利用动态度为 0.14%，建设用地土地利用动态度为 2.37%，未利用地土地利用动态度为 2.08%，流域总体土地利用动态度为 0.33%。5 年间变化速度最快的土地利用类型是建设用地，其次是未利用地、草地、耕地。

（3）2010~2015 年，耕地土地利用动态度为 2.16%，林地土地利用动态度为－6.44%，草地土地利用动态度为 16.32%，水域土地利用动态度为－3.49%，建设用地土地利用动态度为－5.80%，未利用地土地利用动态度为－8.63%，流域总体土地利用动态度为 3.30%。5 年间变化速度最快的土地利用类型是草地，其次是未利用地、林地、建设用地。

（4）2000~2015 年，耕地土地利用动态度为 0.40%，林地土地利用动态度为－2.03%，草地土地利用动态度为 4.65%，水域土地利用动态度为－1.17%，建设用地土地利用动态度为－0.92%，未利用地土地利用动态度为－2.93%，流域总体土地利用动态度为 1.04%。15 年间变化速度最快的土地利用类型是草地，其次是未利用地、林地、水域。

总体而言，2000~2015 年各种土地利用类型变化方向、速度各异。在第三个阶段（2010~2015 年）各种土地利用类型变化速度比前两个阶段快。耕地面积在第一个阶段和第二个阶段不断减少，在第三个阶段呈增加态势，整体上耕地面积呈增加趋势；林地面积在第一个阶段不断增加，在第二个阶段较稳定，在第三个阶段呈减少态势，整体上林地面积呈减少趋势；草地面积在第一个阶段和第二个阶段不断减少，在第三个阶段呈增加态势，整体上草地面积呈增加趋势；水域面积在第一个阶段不断减少，在第二个阶段呈增加态势，在第三个阶段呈减少态势，整体上水域面积呈减少趋势；建设用地面积在第一个阶段和第二个阶段不断增加，在第三个阶段呈减少态势，整体上建设用地面积呈减少趋势；未利用地面积在第一个阶段不断减少，在第二个阶段呈增加态势，在第三个阶段呈减少态势，整体上未利用地面积呈减少趋势；流域土地利用总体变化速度在第一个阶段和第二个阶段相对平缓，在第三个阶段迅速加快，2000~2015 年流域土地利用总体变化相对稳定。

三　土地利用类型转移矩阵分析

为了探讨不同时期土地利用类型间的内部转变情况，基于不同时期土地利用图，利用 ArcGIS 的空间分析功能对不同时期的土地利用图进行叠加分析，得到研究区 4 个时间段内不同土地利用类型间的变换情况。

（一）2000~2005 年土地利用类型转移矩阵分析

从 2000~2005 年土地利用类型的转移模式（见表 2-5）来看，淮河流域土地利用类型转变主要是耕地转变为林地、水域、建设用地，林地转变为耕地，草地转变为水域，水域转变成耕地、草地、建设用地，建设用地转变成耕地；共有 1145.81km^2 的耕地转变为林地、828.63km^2 的耕地转变为水域、3325.93km^2 的耕地转变为建设用地，583.73km^2 的林地转变为耕地，232.63km^2 的草地转变为水域，1023.27km^2 的水域转变为耕地、131.57km^2 的水域转变为草地、109.25km^2 的水域转变成建设用地，357.29km^2 的建设用地转变为耕地。同时耕地中还有 42.34km^2 转变为草地，林地中还有 27.04km^2 转变为建设用地，草地中还有 75.76km^2 转变为耕地、63.64km^2 转变为林地、32.59km^2 转变为建设用地，建设用地中还有 11.80km^2 转变为林地、12.64km^2 转变为草地、54.29km^2 转变为水域，未利用地中有 28.37km^2 转变为耕地、23.66km^2 转变为水域。

表 2-5　2000~2005 年淮河流域土地利用类型转移矩阵

单位：km^2

2000 年土地利用类型	2005 年土地利用类型							变化量
	耕地	林地	草地	水域	建设用地	未利用地	总计	
耕地	176118.10	1145.81	42.34	828.63	3325.93	7.86	181468.67	-3282.15
林地	583.73	22884.67	5.19	3.19	27.04	0.38	23504.20	609.74
草地	75.76	63.64	5317.16	232.63	32.59	1.22	5723.00	-213.91
水域	1023.27	7.30	131.57	14075.90	109.25	5.06	15352.35	-134.05
建设用地	357.29	11.80	12.64	54.29	35240.50	0.04	35676.56	3060.82
未利用地	28.37	0.72	0.19	23.66	2.07	325.07	380.08	-40.45
总计	178186.52	24113.94	5509.09	15218.30	38737.38	339.63	262104.86	

（二）2005~2010 年土地利用类型转移矩阵分析

从 2005~2010 年土地利用类型的转移模式（见表 2-6）来看，淮河流域土地利用类型转变主要是耕地转变为林地、水域、建设用地，林地转变为耕地，草地转变为水域，水域转变成耕地、草地，建设用地转变成耕地；共有 704.34km² 的耕地转变为林地、825.33km² 的耕地转变为水域、4761.42km² 的耕地转变为建设用地，754.50km² 的林地转变为耕地，231.44km² 的草地转变为水域，777.64km² 的水域转变为耕地、107.08km² 的水域转变为草地，197.25km² 的建设用地转变为耕地。同时耕地中还有 35.33km² 转变为草地、38.70km² 转变为未利用地，林地中还有 26.04km² 转变为草地、16.90km² 转变为建设用地，草地中还有 67.95km² 转变为耕地、31.12km² 转变为林地、21.93km² 转变为建设用地，水域中还有 21.14km² 转变为林地、51.66km² 转变成建设用地、16.07km² 转变为未利用地，建设用地中还有 36.92km² 转变为林地、13.76km² 转变为草地。

表 2-6　2005~2010 年淮河流域土地利用类型转移矩阵

单位：km²

2005 年土地利用类型	2010 年土地利用类型							变化量
	耕地	林地	草地	水域	建设用地	未利用地	总计	
耕地	171823.70	704.34	35.33	825.33	4761.42	38.70	178188.82	-4563.24
林地	754.50	23313.00	26.04	3.33	16.90	0.12	24113.89	-3.22
草地	67.95	31.12	5157.49	231.44	21.93	0.28	5510.21	-169.87
水域	777.64	21.14	107.08	14251.80	51.66	16.07	15225.39	104.09
建设用地	197.25	36.92	13.76	8.56	38483.95	0.07	38740.51	4596.88
未利用地	4.54	4.15	0.64	9.02	1.53	319.73	339.61	35.36
总计	173625.58	24110.67	5340.34	15329.48	43337.39	374.97	262118.43	

（三）2010~2015 年土地利用类型转移矩阵分析

从 2010~2015 年土地利用类型的转移模式（见表 2-7）来看，淮河流域土地利用类型转变主要是耕地转变为林地、草地、水域、建设用地，林地转变为耕地、草地、水域、建设用地，草地转变为耕地、林地、水域、建设用地，水域转变成耕地、林地、草地、建设用地，建设用地转变成耕地、林地、草地、水域，未利用地转变为耕地、水域；共有 4144.65km² 的耕地转变为林地、3795.57km² 的耕地转变为草地、3514.01km² 的耕地转变为水域、16688.00km² 的耕地转变为建设用地，8891.87km² 的林地转变为耕地、3500.81km² 的林地转变为草地、422.54km² 的林地转变为水域、991.31km² 的林地转变为建设用地，1722.03km² 的草地转变为耕地、1167.44km² 的草地转变为林地、632.72km² 的草地转变为水域、211.65km² 的草地转变为建设用地，5919.57km² 的水域转变为耕地、251.50km² 的水域转变为林地、297.76km² 的水域转变为草地、1603.52km² 的水域转变成建设用地，30280.84km² 的建设用地转变为耕地、496.95km² 的建设用地转变为林地、520.43km² 的建设用地转变为草地、763.07km² 的建设用地转变为水域，168.28km² 的未利用地转变为耕地、109.35km² 的未利用地转变为水域。同时耕地中还有 81.06km² 转变为未利用地，林地中还有 34.29km² 转变为未利用地，草地中还有 38.61km² 转变为未利用地，水域中还有 22.07km² 转变为未利用地，建设用地中还有 31.97km² 转变为未利用地，未利用地中还有 27.92km² 转变为林地、29.06km² 转变为草地、35.21km² 转变为建设用地。

表 2-7 2010~2015 年淮河流域土地利用类型转移矩阵

单位：km²

2010 年土地利用类型	2015 年土地利用类型							变化量
	耕地	林地	草地	水域	建设用地	未利用地	总计	
耕地	145375.40	4144.65	3795.57	3514.01	16688.00	81.06	173598.69	18759.30
林地	8891.87	10260.40	3500.81	422.54	991.31	34.29	24101.22	-7752.36
草地	1722.03	1167.44	1572.30	632.72	211.65	38.61	5344.75	4371.18
水域	5919.57	251.50	297.76	7210.09	1603.52	22.07	15304.51	-2652.73
建设用地	30280.84	496.95	520.43	763.07	11235.80	31.97	43329.06	-12563.57
未利用地	168.28	27.92	29.06	109.35	35.21	5.09	374.91	-161.82
总计	192357.99	16348.86	9715.93	12651.78	30765.49	213.09	262053.14	

（四）2000~2015 年土地利用类型转移矩阵分析

从 2000~2015 年土地利用类型的转移模式（见表 2-8）来看，淮河流域土地利用类型转变主要是耕地转变为林地、草地、水域、建设用地，林地转变为耕地、草地、水域、建设用地，草地转变为耕地、林地、水域、建设用地，水域转变成耕地、林地、草地、建设用地，建设用地转变成耕地、林地、草地、水域，未利用地转变为耕地、水域；共有 4078.51km² 的耕地转变为林地、3859.11km² 的耕地转变为草地、3554.97km² 的耕地转变为水域、18507.60km² 的耕地转变为建设用地，8237.39km² 的林地转变为耕地、3485.47km² 的林地转变为草地、379.78km² 的林地转变为水域、944.72km² 的林地转变为建设用地，1845.28km² 的草地转变为耕地、1175.16km² 的草地转变为林地、821.14km² 的草地转变为水域、217.23km² 的草地转变为建设用地，5823.43km² 的水域转变为耕地、246.15km² 的水域转变为林地、327.95km² 的水域转变为草地、1721.63km² 的水域转变成建设用地，24930.32km² 的建设用地转变为耕地、402.29km² 的建设用地转变为林地、393.47km² 的建设用地转变为草地、585.33km² 的建设用地转变为水域，168.92km² 的未利用地转变为耕地、110.12km² 的未利用地转变为水域。同时耕地中还有 89.69km² 转变为未利用地，林地中还有 31.79km² 转变为未利用地，草地中还有 38.79km² 转变为未利用地，水域中还有 22.15km² 转变为未利用地，建设用地中还有 25.89km² 转变为未利用地，未利用地中还有 30.76km² 转变为林地、30.21km² 转变为草地、35.20km² 转变为建设用地。

表 2-8   2000~2015 年淮河流域土地利用类型转移矩阵

单位：km²

2000 年土地利用类型	2015 年土地利用类型							变化量
	耕地	林地	草地	水域	建设用地	未利用地	总计	
耕地	151352.30	4078.51	3859.11	3554.97	18507.60	89.69	181442.18	10915.46
林地	8237.39	10416.00	3485.47	379.78	944.72	31.79	23495.15	-7146.28
草地	1845.28	1175.16	1609.75	821.14	217.23	38.79	5707.35	3998.61
水域	5823.43	246.15	327.95	7195.94	1721.63	22.15	15337.25	-2689.97
建设用地	24930.32	402.29	393.47	585.33	9333.07	25.89	35670.37	-4910.92
未利用地	168.92	30.76	30.21	110.12	35.20	4.79	380.00	-166.90
总计	192357.64	16348.87	9705.96	12647.28	30759.45	213.10	262032.30	

耕地转为林地、耕地转为草地、林地转为草地、草地转为林地，这些土地利用类型转变大多集中在淮河流域东北部沂蒙山区、西部伏牛山区、西南部和南部桐柏—大别山区和江淮丘陵地区，因为政府的退耕还林还草政策，一些坡度不适宜耕种的地方转变为种树种草。耕地转为水域、林地转为水域、草地转为水域、建设用地转为水域，这些土地利用类型转变大多集中在原有水域附近，是受到南水北调中线工程、南水北调东线工程、引江济淮工程等水资源配置工程的影响，位于工程线上的水库、湖泊需要进行扩容改造。耕地转变为建设用地大多发生在建设用地周边，是城镇化的结果。

四　土地利用程度分析

参照土地利用程度分级标准，对淮河流域的土地利用类型进行土地利用程度分级赋值，赋予耕地、林地、草地、水域、建设用地、未利用地的土地利用程度分级指数分别为3、3、2、2、4、1。

淮河流域土地利用程度综合指数在2000年为305.28%，在2005年为306.61%，在2010年为308.36%，在2015年为303.04%；土地利用程度综合指数从2000年到2010年逐步增加，到2015年有减小的趋势（见图2-2）。淮河流域土地利用程度综合指数主要是由耕地、林地和建设用地决定的。2000~2005年，耕地的土地利用程度呈现降低的状况，建设用地的土地利用程度呈现提高的状况，其余几种土地利用类型的利用程度整体上没有发生太大的变化，但耕地的降低程度弱于建设用地的提高程度，因此土地利用程度综合指数呈现微弱的增加趋势；2005~2010年，耕地的土地利用程度呈现降低的状况，建设用地的土地利用程度呈现提高的状况，其余几种土地利用类型的利用程度整体上没有发生明显的变化，但耕地的降低程度弱于建设用地的提高程度，因此土地利用程度综合指数呈现微弱的提高趋势；2010~2015年，耕地的土地利用程度呈现提高的状况，林地、建设用地的土地利用程度呈现降低的状况，草地、水域和未利用地的利用程度整体上没有发生明显的变化，但耕地的提高程度弱于林地、建设用地的降低程度，因此土地利用程度综合指数呈现降低趋势；2000~2015年，耕地的土地利用程度呈现提高的状况，林地、建设用地的土地利用程度呈现降低的状况，草地、水域和未利用地的利用程度整体上没有发生明显的变化，但耕地的提高程度弱于林地、建设用地的降低程度，因此土地利用程度综合指数呈现降低趋势。

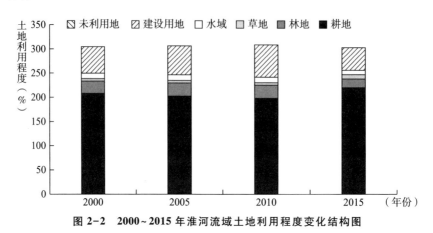

图 2-2　2000~2015 年淮河流域土地利用程度变化结构图

五　土地利用变化的景观格局分析

根据四期土地利用数据，运用 Fragstas 4.2 软件计算斑块水平、类型水平、景观水平这 3 种类型的景观指数，从景观类型的面积、景观破碎化程度等方面选取景观指标，进而在景观类型水平上选取 CA、PLAND、NP、PD、LSI、CLUMPY，在景观水平上选取 NP、PD、LSI、CONTAG、SHDI、SHEI。

（一）景观类型水平特征分析

根据 2000 年、2005 年、2010 年、2015 年 4 个年份淮河流域景观类型水平指数（见表 2-9），可以看出淮河流域各地类景观指数的变化情况。淮河流域耕地景观斑块密度先增加后减小，景观形状指数先增加后减小，聚集度先减小后增加，说明耕地景观在前期由于建设用地等其他土地利用类型的挤占，斑块数量增多，连通性减弱，景观形状越来越不规则，破碎化程度严重；2010 年后由于人类的开垦利用，将破碎的耕地斑块连成一个整体，连通性增强，形状趋于规则，景观破碎化程度减弱。林地景观整体上斑块密度减小，景观形状指数减小，聚集度增加，说明林地景观之间连通性增强，形状趋于规则，景观破碎化程度减弱。草地景观斑块密度先减小后增加，景观形状指数先减小后增加，说明草地景观形状先趋于规则后趋于不规则，破碎程度在 2010 年后提高，这是因为原来分布在林地边缘或林地草地交错带的斑块转化为草地，草地斑块数量增加，小部分与原来的草地斑块连成一片，使草地景观形状变得不规则，聚集度增加。水域景观斑块密度先增加后减小，景观形状指数先增加后减小，聚集度先减小后增加，说明在 2005 年后由于受到南水北调东线工程、中线工程的影响，开挖河道，位于两条工程线上的湖泊、水库扩大容量，经过人工改造，形状趋于规则，水域之间连通性增强。建设用地聚集度一直增大，说明城镇化进程增强了建设用地之间的连通性。

表 2-9　2000~2015 年淮河流域景观类型水平指数

土地利用类型	年份	斑块类型面积（CA）（km²）	斑块面积比例（PLAND）（%）	斑块数量（NP）	斑块密度（PD）	景观形状指数（LSI）	聚集度（CLUMPY）
耕地	2000	181716	69.33	905	0.0035	95.34	0.2764
	2005	178389	68.05	946	0.0036	98.39	0.2763
	2010	173805	66.30	1011	0.0039	103.33	0.2697
	2015	184790	70.51	863	0.0033	87.61	0.3149
林地	2000	23572	8.99	3767	0.0144	65.37	0.5348
	2005	24221	9.24	3475	0.0133	65.32	0.5406
	2010	24146	9.21	3784	0.0144	67.59	0.5246
	2015	16549	6.31	2010	0.0077	53.00	0.5639
草地	2000	5717	2.18	1614	0.0062	51.75	0.3010
	2005	5497	2.10	1541	0.0059	50.82	0.3009
	2010	5326	2.03	1460	0.0056	49.79	0.3079
	2015	10028	3.83	1807	0.0069	58.15	0.3984
水域	2000	15229	5.81	4720	0.0180	67.40	0.4237
	2005	15122	5.77	4773	0.0182	68.43	0.4132
	2010	15259	5.82	4792	0.0183	68.38	0.4138
	2015	13315	5.08	3050	0.0116	53.28	0.5180

续表

土地利用类型	年份	斑块类型面积（CA）（km²）	斑块面积比例（PLAND）（%）	斑块数量（NP）	斑块密度（PD）	景观形状指数（LSI）	聚集度（CLUMPY）
建设用地	2000	35510	13.55	14411	0.0550	147.21	0.0974
	2005	38577	14.72	14355	0.0548	149.07	0.1111
	2010	43236	16.49	13982	0.0533	150.68	0.1335
	2015	37148	14.18	14072	0.0537	141.29	0.1463
未利用地	2000	374	0.14	219	0.0008	15.87	0.1808
	2005	324	0.12	203	0.0008	15.25	0.1607
	2010	368	0.14	217	0.0008	15.72	0.1753
	2015	231	0.09	158	0.0006	13.10	0.1292

（二）景观水平特征分析

研究期内淮河流域斑块数量及斑块密度逐步减小（见表 2-10），蔓延度在 2000~2010 年下降，在 2010~2015 年上升，整体呈上升趋势，说明淮河流域景观整体破碎程度有所降低。景观形状指数在 2000~2010 年上升，在 2010~2015 年下降，但整体呈下降趋势，说明人类活动的干预使景观形状趋于规则化。香农多样性指数和香农均匀度指数均表现出先增加后减小的波动，整体上呈下降的趋势；香农多样性指数下降，说明淮河流域各景观类型分布的均衡化程度在降低，而香农均匀度指数下降，说明淮河流域内景观类型优势度在增加，景观优势类别对景观格局的主导作用在增强。

表 2-10　2000~2015 年淮河流域景观水平指数

年份	斑块数量（NP）	斑块密度（PD）	景观形状指数（LSI）	蔓延度（CONTAG）	香农多样性指数（SHDI）	香农均匀度指数（SHEI）
2000	25636	0.0978	89.76	48.69	0.9995	0.5578
2005	25293	0.0965	92.18	47.69	1.0179	0.5681
2010	25246	0.0963	95.92	46.19	1.0433	0.5823
2015	21960	0.0838	82.91	50.74	0.9802	0.5471

六　本节小结

运用土地利用动态度、土地利用程度综合指数、景观指数等数学模型方法，对 2000～2015 年淮河流域土地利用变化情况进行研究，得出的主要结论如下：

（1）淮河流域土地利用类型中，耕地、建设用地分布最为广泛，耕地集中分布在平原地区，建设用地分布在市辖区周边，水域集中分布在水库、湖泊等区域，林地、草地集中分布在山地丘陵地区。2000～2015 年淮河流域土地利用变化显著，耕地、草地的面积增加而林地、水域、建设用地、未利用地的面积减少。其中草地面积增加了 69.78%，变化最显著；耕地面积增加了 6.00%；林地面积减少了 30.44%；水域面积减少了 17.59%；建设用地面积减少了 13.77%；未利用地面积减少了 43.94%。

（2）2000～2015 年淮河流域总体土地利用动态度为 1.04%，总体变化平稳。15 年土地利用变化速率由高到低依次是草地、未利用地、林地、水域、建设用地、耕地。2000～2015 年流域土地利用呈现波动变化特征，2000～2010 年流域土地利用总体变化速度相对平缓，2010～2015 年土地利用变化剧烈。

（3）2000～2015 年淮河流域土地利用转变方式主要是耕地转变为林地、草地、水域、建设用地，林地、水域、建设用地转变为耕地，林地转变为草地。耕地转变为林地、草地大多是退耕还林还草政策的结果；耕地转变为建设用地大多发生在建设用地周边，是城镇化的结果；耕地转变为水域多是受到南水北调中线、东线工程的影响。

（4）淮河流域土地利用程度综合指数在 2000 年为 305.28%，在 2005 年为 306.61%，在 2010 年为 308.36%，在 2015 年为 303.04%；2000～2015 年淮河流域土地利用程度综合指数有减小的趋势，土地利用程度综合指数主要是由耕地、林地和建设用地决定的。

（5）2000～2015 年淮河流域斑块数量及斑块密度逐步减小，蔓延度呈现上升趋势，淮河流域景观整体破碎程度降低。景观形状指数呈下降趋势，人类活动的干预使景观形状趋于规则化。香农多样性指数和香农均匀度指数整体呈下降趋势；淮河流域各景观类型分布的均衡化程度在降低，景观类型优势度在增加，具有明显优势的景观类型对景观整体的主导作用在增强。

第四节　生态系统服务价值的构成及时空分布

一　生态系统服务总价值评价

基于生态系统服务价值当量因子表，测算的生态系统服务包含供给服务、调节服务、支持服务、文化服务等四项一级生态系统服务，食物生产、原材料生产、气体调节、气候调节、水文调节、废物处理、保持土壤、维持生物多样性、提供美学景观等九项二级生态系统服务。根据 2000 年、2005 年、2010 年、2015 年这 4 年的生态系统服务价值可知，一级生态系统服务的价值从高到低依次为调节服务、支持服务、供给服务、文化服务；二级生态系统服务的价值从高到低依次为废物处理、水文调节、保持土壤、维持生物多样性、气候调节、气体调节、食物生产、提供美学景观、原材料生产。

2000 年、2005 年、2010 年、2015 年淮河流域生态系统服务价值分别为 18021.34 亿元、17912.86 亿元、17701.60 亿元、16836.99 亿元（见表 2-11），其中耕地对生态系统服务价值的贡献最大，其生态贡献率介于 49%~58%；其次是林地、水域对生态系统服务价值贡献较大，其生态贡献率介于 17%~25%（见表 2-12）。约九成的县市在 2000~2015 年各个时间点贡献率最大的土地利用类型没有发生变化，为耕地、林地或水域。

2000~2005 年淮河流域生态系统服务价值总量减少 108.48 亿元，减幅 0.60%，其中林地对应的生态系统服务价值增加，耕地、草地、水域、未利用地对应的生态系统服务价值减少；2005~2010 年淮河流域生态系统服务价值总量减少 211.26 亿元，减幅 1.18%，其中水域、未利用地对应的生态系统服务价值增加，耕地、林地、草地对应的生态系统服务价值减少；2010~2015 年淮河流域生态系统服务价值总量减少 864.61 亿元，减幅 4.88%，其

表 2-11　2000～2015 年淮河流域各土地利用类型的生态系统服务价值及其变化

单位：亿元

土地利用类型	2000 年	2005 年	2010 年	2015 年	2000～2005 年变化	2005～2010 年变化	2010～2015 年变化	2000～2015 年变化
耕地	9082.35	8915.99	8687.42	9627.28	-166.36	-228.57	939.86	544.93
林地	4188.36	4297.03	4296.02	2913.11	108.67	-1.01	-1382.91	-1275.25
草地	413.78	401.03	390.13	707.67	-12.75	-10.90	317.54	293.89
水域	4333.50	4295.82	4324.73	3587.05	-37.68	28.91	-737.68	-746.45
建设用地	0.00	0.00	0.00	0.00	0.00	0.00	0.00	0.00
未利用地	3.35	2.99	3.30	1.88	-0.36	0.31	-1.42	-1.47
合计	18021.34	17912.86	17701.60	16836.99	-108.48	-211.26	-864.61	-1184.35

表 2-12　2000~2015 年淮河流域各土地利用类型对生态系统服务价值贡献率

单位：%

年份	耕地	林地	草地	水域	建设用地	未利用地
2000	50.40	23.24	2.30	24.05	0.00	0.02
2005	49.77	23.99	2.24	23.98	0.00	0.02
2010	49.08	24.27	2.20	24.43	0.00	0.02
2015	57.18	17.30	4.20	21.30	0.00	0.01

中耕地、草地对应的生态系统服务价值增加，林地、水域、未利用地对应的生态系统服务价值减少；2000~2015 年淮河流域生态系统服务价值总量减少 1184.35 亿元，减幅 6.57%，其中耕地、草地对应的生态系统服务价值增加，林地、水域、未利用地对应的生态系统服务价值减少。

研究期间淮河流域地均生态系统服务价值空间分布相对较为稳定，高地均生态系统服务价值分布在淮河流域豫西、豫西南、豫南、鲁东北、鲁南、苏西南地区；低地均生态系统服务价值分布在淮河流域豫东、皖东北、鲁西南地区。淮河流域豫西、豫西南、豫南、鲁东北均为山地丘陵，城镇化水平低，人类活动对生态系统的扰动较少；鲁南微山湖，苏西南洪泽湖、高邮湖地区水网密布，人为扰动产生的影响在生态系统自我调节范围内；豫东、皖东北、鲁西南地区多为平原，人类活动密集，对生态系统产生严重的影响。

二　供给服务价值评价

供给服务包含食物生产与原材料生产两项二级生态系统服务，耕地对食物生产贡献率最大，耕地或林地对原材料生产贡献率最大。根据 2000 年、2005 年、2010 年、2015 年这 4 年的供给服务价值，可知食物生产>原材料生产。

淮河流域 2000 年、2005 年、2010 年、2015 年供给服务价值分别为 2203.28 亿元、2185.20 亿元、2144.70 亿元、2154.41 亿元（见表 2-13），其中耕地对供给服务价值的贡献最大，其生态贡献率介于 71% ~ 79%；其次是林地对供给服务价值贡献较大，其生态贡献率介于 15% ~ 24%（见表 2-14）。95.73% 的县市在 2000~2015 年各个时间点贡献率最大的土地利用

表 2-13 2000~2015 年淮河流域各土地利用类型的供给服务价值及其变化

单位：亿元

土地利用类型	2000 年	2005 年	2010 年	2015 年	2000~2005 年变化	2005~2010 年变化	2010~2015 年变化	2000~2015 年变化
耕地	1598.03	1568.76	1528.55	1693.91	-29.27	-40.21	165.36	95.88
林地	493.01	505.80	505.68	342.90	12.79	-0.12	-162.78	-150.11
草地	28.01	27.15	26.41	47.91	-0.86	-0.74	21.50	19.90
水域	84.09	83.36	83.92	69.61	-0.73	0.56	-14.31	-14.48
建设用地	0.00	0.00	0.00	0.00	0.00	0.00	0.00	0.00
未利用地	0.14	0.13	0.14	0.08	-0.01	0.01	-0.06	-0.06
合计	2203.28	2185.20	2144.70	2154.41	-18.08	-40.50	9.71	-48.87

表 2-14　2000~2015 年淮河流域各土地利用类型对供给服务价值贡献率

单位：%

年份	耕地	林地	草地	水域	建设用地	未利用地
2000	72.53	22.38	1.27	3.82	0.00	0.01
2005	71.79	23.15	1.24	3.81	0.00	0.01
2010	71.27	23.58	1.23	3.91	0.00	0.01
2015	78.63	15.92	2.22	3.23	0.00	0.00

类型没有发生变化，为耕地或林地；由此表明生态系统服务中的供给服务主要由耕地或林地提供。

2000~2005 年淮河流域供给服务价值总量减少 18.08 亿元，减幅 0.82%，其中林地对应的供给服务价值增加，耕地、草地、水域、未利用地对应的供给服务价值减少；2005~2010 年淮河流域供给服务价值总量减少 40.50 亿元，减幅 1.85%，其中水域、未利用地对应的供给服务价值增加，耕地、林地、草地对应的供给服务价值减少；2010~2015 年淮河流域供给服务价值总量增加 9.71 亿元，增幅 0.45%，其中耕地、草地对应的供给服务价值增加，林地、水域、未利用地对应的供给服务价值减少；2000~2015 年淮河流域供给服务价值总量减少 48.87 亿元，减幅 2.22%，其中耕地、草地对应的供给服务价值增加，林地、水域、未利用地对应的供给服务价值减少。

2000~2015 年，淮河流域地均供给服务价值空间分布相对较为稳定，高地均供给服务价值分布在淮河流域豫西、豫西南、豫南、鲁东北地区；低地均供给服务价值分布在淮河流域淮北市、周口市等中心城市周边地区。淮河流域豫西、豫西南、豫南、鲁东北均为山地丘陵，林地的占地面积比例较大，可提供大量的原材料；淮北市、周口市等中心城市周边地区人口密度大，建设用地占地面积比例大。

三　调节服务价值评价

调节服务包含气体调节、气候调节、水文调节和废物处理四项二级生态系统服务，耕地对气体调节、气候调节、废物处理贡献率最大，水域对水文调节贡献率最大。根据 2000 年、2005 年、2010 年、2015 年这 4 年的调节服务价值，可知废物处理>水文调节>气候调节>气体调节。

淮河流域 2000 年、2005 年、2010 年、2015 年调节服务价值分别为 10209.88 亿元、10147.04 亿元、10052.82 亿元、9383.83 亿元（见表 2-15），其中耕地对调节服务价值的贡献最大，其生态贡献率介于 42%~50%；其次是水域、林地对调节服务价值贡献较大，其生态贡献率分别介于 30%~35%、15%~22%（见表 2-16）。86.63% 的县市在 2000~2015 年各个时间点贡献率最大的土地利用类型没有发生变化，为耕地、林地或水域；由此表明生态系统服务中的调节服务主要由耕地、林地或水域提供。

2000~2005 年淮河流域调节服务价值总量减少 62.84 亿元，减幅 0.62%，其中林地对应的调节服务价值增加，耕地、草地、水域、未利用地对应的调节服务价值减少；2005~2010 年淮河流域调节服务价值总量减少 94.22 亿元，减幅 0.93%，其中水域、未利用地对应的调节服务价值增加，耕地、林地、草地对应的调节服务价值减少；2010~2015 年淮河流域调节服务价值总量减少 668.99 亿元，减幅 6.65%，其中耕地、草地对应的调节服务价值增加，林地、水域、未利用地对应的调节服务价值减少；2000~2015 年淮河流域调节服务价值总量减少 826.05 亿元，减幅 8.09%，其中耕地、草地对应的调节服务价值增加，林地、水域、未利用地对应的调节服务价值减少。

研究期间淮河流域地均调节服务价值空间分布相对较为稳定，高地均调节服务价值分布在淮河流域豫西、豫西南、豫南、鲁东北、鲁南、苏西南地区；低地均调节服务价值分布在淮河流域淮北市、周口市等中心城市周边地区。淮河流域豫西、豫西南、豫南、鲁东北均为山地丘陵，林地的占地面积比例较大，森林的光合作用有助于气体调节、气候调节；鲁南微山湖，苏西南洪泽湖、高邮湖地区水网密布，有利于水文调节；淮北市、周口市等中心城市周边地区人口密度大，建设用地的占地面积比例大。

表 2-15 2000～2015 年淮河流域各土地利用类型的调节服务价值及其变化

单位：亿元

土地利用类型	2000 年	2005 年	2010 年	2015 年	2000～2005 年变化	2005～2010 年变化	2010～2015 年变化	2000～2015 年变化
耕地	4426.21	4345.13	4233.74	4691.77	-81.08	-111.39	458.03	265.56
林地	2115.03	2169.91	2169.40	1471.06	54.88	-0.51	-698.34	-643.97
草地	209.19	202.75	197.24	357.78	-6.44	-5.51	160.54	148.59
水域	3458.20	3428.13	3451.20	2862.52	-30.07	23.07	-588.68	-595.68
建设用地	0.00	0.00	0.00	0.00	0.00	0.00	0.00	0.00
未利用地	1.25	1.12	1.24	0.70	-0.13	0.12	-0.54	-0.55
合计	10209.88	10147.04	10052.82	9383.83	-62.84	-94.22	-668.99	-826.05

表 2-16 2000~2015 年淮河流域各土地利用类型对调节服务价值贡献率

单位：%

年份	耕地	林地	草地	水域	建设用地	未利用地
2000	43.35	20.72	2.05	33.87	0.00	0.01
2005	42.82	21.38	2.00	33.78	0.00	0.01
2010	42.11	21.58	1.96	34.33	0.00	0.01
2015	50.00	15.68	3.81	30.50	0.00	0.01

四 支持服务价值评价

支持服务包含保持土壤与维持生物多样性两项二级生态系统服务，耕地对保持土壤、维持生物多样性贡献率最大。根据 2000 年、2005 年、2010年、2015 年这 4 年的支持服务价值，可知保持土壤>维持生物多样性。

淮河流域 2000 年、2005 年、2010 年、2015 年支持服务价值分别为4647.21 亿元、4619.92 亿元、4546.31 亿元、4471.82 亿元（见表 2-17），其中耕地对支持服务价值的贡献最大，其生态贡献率介于 60%~68%；其次是林地对支持服务价值贡献较大，其生态贡献率介于 19%~29%（见表 2-18）。94.12%的县市在 2000~2015 年各个时间点贡献率最大的土地利用类型没有发生变化，为耕地或林地；由此表明生态系统服务中的支持服务主要由耕地或林地提供。

2000~2005 年淮河流域支持服务价值总量减少 27.29 亿元，减幅 0.59%，其中林地对应的支持服务价值增加，耕地、草地、水域、未利用地对应的支持服务价值减少；2005~2010 年淮河流域支持服务价值总量减少 73.61 亿元，减幅 1.59%，其中水域、未利用地对应的支持服务价值增加，耕地、林地、草地对应的支持服务价值减少；2010~2015 年淮河流域支持服务价值总量减少 74.49 亿元，减幅 1.64%，其中耕地、草地对应的支持服务价值增加，林地、水域、未利用地对应的支持服务价值减少；2000~2015 年淮河流域支持服务价值总量减少 175.39 亿元，减幅 3.77%，其中耕地、草地对应的支持服务价值增加，林地、水域、未利用地对应的支持服务价值减少。

研究期间淮河流域地均支持服务价值空间分布相对较为稳定，高地均支

表 2-17 淮河流域各土地利用类型的支持服务价值及其变化

单位：亿元

土地利用类型	2000 年	2005 年	2010 年	2015 年	2000~2005 年变化	2005~2010 年变化	2010~2015 年变化	2000~2015 年变化
耕地	2862.66	2810.23	2738.19	3034.42	-52.43	-72.04	296.23	171.76
林地	1270.51	1303.47	1303.17	883.67	32.96	-0.31	-419.49	-386.84
草地	145.73	141.24	137.40	249.23	-4.49	-3.84	111.83	103.50
水域	366.94	363.75	366.20	303.73	-3.19	2.45	-62.47	-63.21
建设用地	0.00	0.00	0.00	0.00	0.00	0.00	0.00	0.00
未利用地	1.37	1.23	1.35	0.77	-0.14	0.12	-0.58	-0.60
合计	4647.21	4619.92	4546.31	4471.82	-27.29	-73.61	-74.49	-175.39

表 2-18 2000~2015 年淮河流域各土地利用类型对支持服务价值贡献率

单位：%

年份	耕地	林地	草地	水域	建设用地	未利用地
2000	61.60	27.34	3.14	7.90	0.00	0.03
2005	60.83	28.21	3.06	7.87	0.00	0.03
2010	60.23	28.66	3.02	8.05	0.00	0.03
2015	67.86	19.76	5.57	6.79	0.00	0.02

持服务价值分布在淮河流域豫西、豫西南、豫南、鲁东北地区；低地均支持服务价值分布在淮河流域淮北市、周口市等中心城市周边地区。淮河流域豫西、豫西南、豫南、鲁东北均为山地丘陵，林地的占地面积比例较大，有助于山地丘陵地区的水土保持，再加上此地区人类活动干扰少，森林物种丰富，能更好地维持生物多样性；淮北市、周口市等中心城市周边地区人口密度大，建设用地的占地面积比例大。

五 文化服务价值评价

文化服务包含提供美学景观这一项二级生态系统服务，水域对提供美学景观贡献率最大。淮河流域 2000 年、2005 年、2010 年、2015 年文化服务价值分别为 960.95 亿元、960.71 亿元、957.77 亿元、826.92 亿元（见表 2-19），其中水域对文化服务价值的贡献最大，其生态贡献率介于 42%~45%；其次是林地对文化服务价值贡献较大，其生态贡献率介于 26%~34%（见表 2-20）。67.91% 的县市在 2000~2015 年各个时间点贡献率最大的土地利用类型没有发生变化，为耕地、林地或水域；由此表明生态系统服务中的文化服务主要由耕地、林地或水域提供。

2000~2005 年淮河流域文化服务价值总量减少 0.24 亿元，减幅 0.02%，其中林地对应的文化服务价值增加，耕地、草地、水域、未利用地对应的文化服务价值减少；2005~2010 年淮河流域文化服务价值总量减少 2.94 亿元，减幅 0.31%，其中水域、未利用地对应的文化服务价值增加，耕地、林地、草地对应的文化服务价值减少；2010~2015 年淮河流域文化服务价值总量减少 130.85 亿元，减幅 13.66%，其中耕地、草地对应的文化服务价值

表2-19 2000~2015年淮河流域各土地利用类型的文化服务价值及其变化

单位：亿元

土地利用类型	2000年	2005年	2010年	2015年	2000~2005年变化	2005~2010年变化	2010~2015年变化	2000~2015年变化
耕地	195.44	191.86	186.94	207.17	-3.58	-4.92	20.23	11.73
林地	309.81	317.85	317.77	215.48	8.04	-0.08	-102.29	-94.33
草地	30.85	29.90	29.08	52.76	-0.95	-0.82	23.68	21.91
水域	424.27	420.58	423.41	351.19	-3.69	2.83	-72.22	-73.08
建设用地	0.00	0.00	0.00	0.00	0.00	0.00	0.00	0.00
未利用地	0.58	0.52	0.57	0.32	-0.06	0.05	-0.26	-0.26
合计	960.95	960.71	957.77	826.92	-0.24	-2.94	-130.85	-134.03

表 2-20 2000~2015 年淮河流域各土地利用类型对文化服务价值贡献率

单位：%

年份	耕地	林地	草地	水域	建设用地	未利用地
2000	20.34	32.24	3.21	44.15	0.00	0.06
2005	19.97	33.08	3.11	43.78	0.00	0.05
2010	19.52	33.18	3.04	44.21	0.00	0.06
2015	25.05	26.06	6.38	42.47	0.00	0.04

增加，林地、水域、未利用地对应的文化服务价值减少；2000~2015 年淮河流域文化服务价值总量减少 134.03 亿元，减幅 13.95%，其中耕地、草地对应的文化服务价值增加，林地、水域、未利用地对应的文化服务价值减少。

淮河流域地均文化服务价值空间分布相对较为稳定，高地均文化服务价值分布在淮河流域豫西、豫西南、豫南、鲁东北、鲁南、苏西南地区；低地均文化服务价值分布在淮河流域淮北市、周口市等中心城市周边地区。淮河流域豫西、豫西南、豫南、鲁东北均为山地丘陵，林地的占地面积比例较大，森林郁郁葱葱，山林景观具有一定的观赏价值；鲁南微山湖，苏西南洪泽湖、高邮湖地区水网密布，湖泊景观具有较高的观赏价值；淮北市、周口市等中心城市周边地区人口密度大，建设用地的占地面积比例大，可供欣赏的美学景观较少。

六 本节小结

运用价值量评价法对淮河流域生态系统服务价值进行测算，对淮河流域生态系统服务及供给服务、调节服务、支持服务和文化服务进行时空分析，得出的主要结论如下。

（1）根据 2000 年、2005 年、2010 年、2015 年这 4 年的生态系统服务价值可知，二级生态系统服务价值从高到低依次为废物处理、水文调节、保持土壤、维持生物多样性、气候调节、气体调节、食物生产、提供美学景观、原材料生产；一级生态系统服务价值从高到低依次为调节服务、支持服务、供给服务、文化服务。

（2）对生态系统服务价值贡献最大的是耕地，其次是林地、水域；生态系统服务中的供给服务主要由耕地或林地提供，生态系统服务中的调节服务主要由耕地、林地或水域提供，生态系统服务中的支持服务主要由耕地或林地提供，生态系统服务中的文化服务主要由耕地、林地或水域提供。

（3）淮河流域生态系统服务价值从 2000 年的 18021.34 亿元降到 2015 年的 16836.99 亿元，减幅 6.57%；其中供给服务价值减少 48.87 亿元，调节服务价值减少 826.05 亿元，支持服务价值减少 175.39 亿元，文化服务价值减少 134.03 亿元。研究期间淮河流域地均生态系统服务价值、供给服务价值、调节服务价值、支持服务价值、文化服务价值空间分布均相对较为稳定。高均值分布在林地、水域密集的地区，地均值分布在城市周边。

第五节　土地利用变化对生态系统服务的影响

一　土地利用变化对生态系统服务的贡献率

生态系统服务变化是由土地利用方式转变引起的，然而不同土地利用方式转变引起的生态系统服务价值变化是不同的。本书运用土地利用方式转变对生态系统服务价值变化的生态贡献率来分析生态系统服务价值的变化对土地利用变化的响应。

（一）生态系统服务价值动态变化

2000 年、2005 年、2010 年、2015 年淮河流域生态系统服务价值分别为18021.34 亿元、17912.86 亿元、17701.60 亿元、16836.99 亿元，2000 ~2015 年生态系统服务价值一直呈下降的趋势。由于不同土地利用类型对生态系统服务价值的贡献率不同，在土地利用方式转变的过程中，生态系统服务价值增减存在明显的时空差异性（见表 2-21）。2000 ~2005 年与 2005 ~2010 年两个时期，耕地转变为水域、耕地转变为林地引起生态系统服务价值增加，贡献率为 78% 左右，水域转变为耕地、耕地转变为建设用地引起生态系统服务价值减少，贡献率为 74% 左右；耕地转变为水域、耕地转变为林地是生态系统服务价值增加的主要原因，水域转变为耕地、耕地转变为建设用地是生态系统服务价值减少的主要原因。2010 ~2015 年与 2000 ~

2015 年两个时期，建设用地转变为耕地、耕地转变为水域引起生态系统服务价值增加，贡献率为 63% 左右，水域转变为耕地、林地转变为耕地引起生态系统服务价值减少，贡献率为 55% 左右；建设用地转变为耕地、耕地转变为水域是生态系统服务价值增加的主要原因，水域转变为耕地、林地转变为耕地是生态系统服务价值减少的主要原因。

（二）供给服务价值动态变化

2000 年、2005 年、2010 年、2015 年淮河流域供给服务价值分别为 2203.28 亿元、2185.20 亿元、2144.70 亿元、2154.41 亿元，说明从 2000 年到 2010 年供给服务价值总体呈下降的趋势，2010 年以后有所上升。由于不同土地利用类型的供给服务价值不同，在土地利用方式转变的过程中，供给服务价值增减存在明显的时空差异性（见表 2-22）。2000~2005 年、2005~2010 年、2010~2015 年、2000~2015 年四个时期，耕地转变为林地、水域转变为耕地、建设用地转变为耕地引起供给服务价值增加，贡献率为 87% 左右，耕地转变为建设用地、林地转变为耕地引起供给服务价值减少，贡献率为 79% 左右；耕地转变为林地、水域转变为耕地、建设用地转变为耕地是供给服务价值增加的主要原因，耕地转变为建设用地、林地转变为耕地是供给服务价值减少的主要原因。

（三）调节服务价值动态变化

2000 年、2005 年、2010 年、2015 年淮河流域调节服务价值分别为 10209.88 亿元、10147.04 亿元、10052.82 亿元、9383.83 亿元，2000~2015 年调节服务价值一直呈下降趋势。由于不同土地利用类型的调节服务价值不同，在土地利用方式转变的过程中，调节服务价值增减存在明显的时空差异性（见表 2-23）。2000~2005 年与 2005~2010 年两个时期，耕地转变为水域、耕地转变为林地、草地转变为水域引起调节服务价值增加，贡献率为 92% 左右，水域转变为耕地、耕地转变为建设用地引起调节服务价值减少，贡献率为 75% 左右；耕地转变为水域、耕地转变为林地、草地转变为水域是调节服务价值增加的主要原因，水域转变为耕地、耕地转变为建设用地是调节服务价值减少的主要原因。2010~2015 年与 2000~2015 年两个时期，建设用地转变为耕地、耕地转变为水域引起调节服务价值增加，贡献率为 63% 左右，水域转变为耕地、林地转变为耕地引起调节服务价值减少，贡献率为 59% 左右；建设用地转变为耕地、耕地转变为水域是调节服务价值增加的主要原因，水域转变为耕地、林地转变为耕地是调节服务价值减少的主要原因。

（四）支持服务价值动态变化

2000 年、2005 年、2010 年、2015 年淮河流域支持服务价值分别为 4647.21 亿元、4619.92 亿元、4546.31 亿元、4471.82 亿元，2000~2015 年支持服务价值一直呈下降的趋势。在土地利用方式转变的过程中，支持服务价值增减存在明显的时空差异性（见表 2-24）。2000~2005 年与 2005~2010 年两个时期，耕地转变为林地、耕地转变为水域引起支持服务价值增加，贡献率为 81% 左右，耕地转变为建设用地、林地转变为耕地引起支持服务价值减少，贡献率为 86% 左右；耕地转变为林地、耕地转变为水域是支持服务价值增加的主要原因，耕地转变为建设用地、林地转变为耕地是支持服务价值减少的主要原因。2010~2015 年与 2000~2015 年两个时期，建设用地转变为耕地、耕地转变为林地引起支持服务价值增加，贡献率为 78% 左右，林地转变为耕地、耕地转变为建设用地引起支持服务价值减少，贡献率为 68% 左右；建设用地转变为耕地、耕地转变为林地是支持服务价值增加的主要原因，林地转变为耕地、耕地转变为建设用地是支持服务价值减少的主要原因。

（五）文化服务价值动态变化

2000 年、2005 年、2010 年、2015 年淮河流域文化服务价值分别为 960.95 亿元、960.71 亿元、957.77 亿元、826.92 亿元，2000~2015 年文化服务价值呈下降趋势。其中，2000~2010 年变化较缓慢，2010~2015 年文化服务价值迅速减少。在土地利用方式转变的过程中，文化服务价值增减存在明显的时空差异性（见表 2-25）。2000~2005 年、2005~2010 年、2010~2015 年、2000~2015 年四个时期，耕地转变为水域、耕地转变为林地引起文化服务价值增加，贡献率为 69% 左右，水域转变为耕地、林地转变为耕地

表 2-21 土地利用变化对生态系统服务价值变化的贡献率

单位：亿元，%

生态环境变化	2000~2005 年			2005~2010 年			2010~2015 年			2000~2015 年		
	土地利用变化	ESV 变化量	贡献率	土地利用变化	ESV 变化量	贡献率	土地利用变化	ESV 变化量	贡献率	土地利用变化	ESV 变化量	贡献率
生态环境改善	14	196.69	44.14	14	195.91	53.91	51	1516.23	41.36	51	1248.32	37.15
	12	146.85	32.95	12	90.27	24.84	14	834.11	22.75	14	843.84	25.11
	34	49.66	11.14	34	49.41	13.59	12	531.18	14.49	12	522.70	15.55
	51	17.89	4.01	51	9.88	2.72	54	219.34	5.98	34	175.29	5.22
	54	15.60	3.50	52	6.58	1.81	34	135.07	3.68	54	168.25	5.01
	合计	426.69	95.75	合计	352.04	96.87	合计	3235.93	88.27	合计	2958.40	88.03
生态环境恶化	41	-242.89	43.69	15	-238.42	41.48	41	-1405.12	30.89	41	-1382.30	30.27
	15	-166.54	29.95	41	-184.59	32.11	21	-1139.58	25.05	21	-1055.70	23.12
	21	-74.81	13.46	21	-96.70	16.82	15	-835.61	18.37	15	-926.72	20.29
	45	-31.40	5.65	43	-22.86	3.98	45	-460.92	10.13	45	-494.87	10.84
	43	-28.09	5.05	45	-14.85	2.58	23	-365.01	8.02	23	-363.41	7.96
	合计	-543.73	97.79	合计	-557.41	96.97	合计	-4206.23	92.47	合计	-4223.00	92.48

注：1～6 分别代表耕地、林地、草地、水域、建设用地、未利用地 6 种土地利用类型。

表2-22 土地利用变化对供给服务价值变化的贡献率

单位：亿元，%

生态环境变化		2000~2005年			2005~2010年			2010~2015年			2000~2015年		
		土地利用变化	供给服务价值变化量	贡献率	土地利用变化	供给服务价值变化量	贡献率	土地利用变化	供给服务价值变化量	贡献率	土地利用变化	供给服务价值变化量	贡献率
生态环境改善		12	13.94	60.78	12	8.57	56.76	51	266.78	69.15	51	219.64	65.64
		41	3.31	14.42	41	2.51	16.65	12	50.44	13.07	12	49.63	14.83
		51	3.15	13.72	51	1.74	11.51	41	19.14	4.96	41	18.82	5.63
		32	1.02	4.43	52	0.77	5.13	32	18.65	4.83	32	18.77	5.61
		54	0.30	1.32	32	0.50	3.29	52	10.43	2.70	52	8.44	2.52
		合计	21.72	94.67	合计	14.09	93.34	合计	365.43	94.72	合计	315.31	94.23
生态环境恶化		15	-29.30	71.65	15	-41.95	75.41	15	-147.02	39.09	15	-163.06	42.53
		21	-7.10	17.37	21	-9.18	16.51	21	-108.21	28.77	21	-100.24	26.15
		14	-2.68	6.55	14	-2.67	4.80	23	-55.92	14.87	23	-55.67	14.52
		45	-0.61	1.49	23	-0.42	0.75	25	-20.80	5.53	25	-19.82	5.17
		25	-0.57	1.39	25	-0.35	0.64	13	-14.43	3.84	13	-14.68	3.83
		合计	-40.26	98.44	合计	-54.57	98.10	合计	-346.38	92.09	合计	-353.47	92.19

注：1~6分别代表耕地、林地、草地、水域、建设用地、未利用地6种土地利用类型。

表2-23 土地利用变化对调节服务价值变化的贡献率

单位：亿元，%

生态环境变化	2000~2005年 土地利用变化	调节服务价值变化量	贡献率	2005~2010年 土地利用变化	调节服务价值变化量	贡献率	2010~2015年 土地利用变化	调节服务价值变化量	贡献率	2000~2015年 土地利用变化	调节服务价值变化量	贡献率
生态环境改善	14	169.85	52.63	14	169.18	61.41	51	738.92	32.22	14	728.70	33.98
	12	75.17	23.29	12	46.21	16.77	14	720.30	31.41	51	608.36	28.37
	34	44.66	13.84	34	44.43	16.13	12	271.89	11.86	12	267.55	12.48
	54	12.45	3.86	51	4.81	1.75	54	175.03	7.63	34	157.65	7.35
	51	8.72	2.70	52	3.32	1.21	34	121.47	5.30	54	134.26	6.26
	合计	310.85	96.31	合计	267.95	97.26	合计	2027.63	88.42	合计	1896.52	88.43
生态环境恶化	41	-209.75	54.22	41	-159.40	43.14	41	-1213.39	40.73	41	-1193.68	39.93
	15	-81.16	20.98	15	-116.19	31.44	21	-583.32	19.58	21	-540.38	18.08
	21	-38.29	9.90	21	-49.50	13.40	15	-407.23	13.67	15	-451.63	15.11
	43	-25.26	6.53	43	-20.56	5.56	45	-367.82	12.35	45	-394.91	13.21
	45	-25.06	6.48	45	-11.85	3.21	23	-184.17	6.18	23	-183.36	6.13
	合计	-379.52	98.11	合计	-357.49	96.75	合计	-2755.92	92.52	合计	-2763.97	92.46

注：1~6分别代表耕地、林地、草地、水域、建设用地、未利用地6种土地利用类型。

061

表2-24 土地利用变化对支持服务价值变化的贡献率

单位：亿元，%

生态环境变化	2000~2005年			2005~2010年			2010~2015年			2000~2015年		
	土地利用变化	支持服务价值变化量	贡献率	土地利用变化	支持服务价值变化量	贡献率	土地利用变化	支持服务价值变化量	贡献率	土地利用变化	支持服务价值变化量	贡献率
生态环境改善	12	43.87	70.28	12	26.96	63.87	51	477.90	58.87	51	393.46	55.16
	14	7.09	11.36	14	7.06	16.73	12	158.67	19.55	12	156.14	21.89
	51	5.64	9.03	51	3.11	7.37	13	38.97	4.80	13	39.63	5.55
	32	1.78	2.86	52	2.00	4.73	32	32.71	4.03	32	32.92	4.62
	54	1.32	2.12	32	0.87	2.07	14	30.07	3.70	14	30.42	4.26
	合计	59.70	95.64	合计	40.01	94.77	合计	738.32	90.95	合计	652.56	91.48
生态环境恶化	15	-52.49	58.17	15	-75.15	64.69	21	-340.41	38.41	21	-315.35	35.46
	21	-22.35	24.77	21	-28.88	24.86	15	-263.37	29.72	15	-292.09	32.84
	41	-8.76	9.70	41	-6.65	5.73	23	-98.08	11.07	23	-97.65	10.98
	45	-2.66	2.95	45	-1.26	1.08	25	-53.60	6.05	25	-51.08	5.74
	25	-1.46	1.62	25	-0.91	0.79	41	-50.65	5.72	41	-49.83	5.60
	合计	-87.71	97.21	合计	-112.86	97.15	合计	-806.11	90.97	合计	-806.00	90.63

注：1~6分别代表耕地、林地、草地、水域、建设用地、未利用地6种土地利用类型。

表2-25　土地利用变化对文化服务价值变化的贡献率

单位：亿元，%

生态环境变化	2000~2005年			2005~2010年			2010~2015年			2000~2015年		
	土地利用变化	文化服务价值变化量	贡献率	土地利用变化	文化服务价值变化量	贡献率	土地利用变化	文化服务价值变化量	贡献率	土地利用变化	文化服务价值变化量	贡献率
生态环境改善	14	22.43	49.76	14	22.34	58.98	14	95.10	36.77	14	96.21	38.44
	12	13.87	30.78	12	8.53	22.52	12	50.18	19.40	12	49.37	19.73
	34	5.26	11.68	34	5.24	13.83	51	32.63	12.61	51	26.86	10.73
	54	1.53	3.39	52	0.49	1.29	54	21.47	8.30	34	18.58	7.42
	64	0.63	1.40	54	0.24	0.64	13	16.84	6.51	13	17.12	6.84
	合计	43.72	97.01	合计	36.83	97.25	合计	216.22	83.59	合计	208.15	83.17
生态环境恶化	41	-27.69	60.76	41	-21.05	51.61	41	-160.21	40.93	41	-157.61	40.76
	21	-7.07	15.50	21	-9.13	22.40	21	-107.65	27.50	21	-99.72	25.79
	15	-3.58	7.86	15	-5.13	12.58	45	-45.13	11.53	45	-48.45	12.53
	45	-3.07	6.75	43	-2.42	5.94	23	-26.85	6.86	23	-26.73	6.91
	43	-2.98	6.53	45	-1.45	3.56	15	-17.98	4.59	15	-19.94	5.16
	合计	-44.40	97.41	合计	-39.19	96.09	合计	-357.81	91.40	合计	-352.45	91.16

注：1~6分别代表耕地、林地、草地、水域、建设用地、未利用地6种土地利用类型。

引起文化服务价值减少，贡献率为 71% 左右；耕地转变为水域、耕地转变为林地是文化服务价值增加的主要原因，水域转变为耕地、林地转变为耕地是文化服务价值减少的主要原因。

二 生态系统服务价值对土地利用变化的敏感性

生态系统服务价值对土地利用变化的敏感性可以较好地表征某段时间内生态系统服务价值对土地利用变化的敏感程度。本书将整个研究期划分为三个阶段，分别为 2000~2005 年、2005~2010 年及 2010~2015 年，以分析不同研究时段生态系统服务价值对土地利用变化的敏感度。总体而言，生态系统服务、供给服务、调节服务、支持服务对土地利用变化的敏感性指数在第二阶段（2005~2010 年）达到峰值，说明这一阶段的土地利用变化（耕地、林地的变化）对生态系统服务及供给服务、调节服务、支持服务的影响较强；文化服务对土地利用变化的敏感性指数在 2000~2015 年达到峰值（见表 2-26），说明整个研究期的土地利用变化（林地、水域的变化）对文化服务的影响较强。

表 2-26　生态系统服务价值对土地利用变化的敏感性指数

服务类型	2000~2005 年	2005~2010 年	2010~2015 年	2000~2015 年
生态系统服务	0.39	0.71	0.30	0.42
供给服务	0.53	1.11	0.03	0.14
调节服务	0.40	0.56	0.40	0.52
支持服务	0.38	0.95	0.10	0.24
文化服务	0.02	0.18	0.83	0.89

（一）2000~2005 年生态系统服务对土地利用变化的敏感度较强

2000~2005 年，生态系统服务对土地利用变化的敏感度为 0.39，其中供给服务、调节服务对土地利用变化的敏感度较强，而文化服务对土地利用变化的敏感度较弱；这一阶段耕地、草地、水域、未利用地的面积减少，林地、建设用地的面积增加，主要表现为耕地转变为林地、水域、建设用地，林地转变为耕地，水域转变为耕地，供给服务、调节服务主要由耕地、林地提供，因此 2000~2005 年耕地、林地的变化对生态系统服务的影响较强。

（二）2005~2010 年生态系统服务对土地利用变化的敏感度极强

2005~2010 年，生态系统服务对土地利用变化的敏感度达到 0.71，其中供给服务、支持服务对土地利用变化的敏感度较强，而文化服务对土地利用变化的敏感度较弱；这一阶段耕地、林地、草地的面积减少，水域、建设用地、未利用地的面积增加，主要表现为耕地转变为林地、水域、建设用地，林地转变为耕地，水域转变为耕地，供给服务、支持服务主要由耕地、林地提供，因此 2005~2010 年耕地、林地的变化对生态系统服务的影响较强。

（三）2010~2015 年生态系统服务对土地利用变化的敏感度较弱

2010~2015 年，生态系统服务对土地利用变化的敏感度为 0.30，其中文化服务对土地利用变化的敏感度较强，而供给服务、支持服务对土地利用变化的敏感度较弱；这一阶段耕地、草地的面积增加，林地、水域、建设用地、未利用地的面积减少，主要表现为耕地转变为林地、草地、水域，林地转变为耕地、草地，水域转变为耕地，文化服务主要由林地、水域提供，因此 2010~2015 年林地、水域的变化对生态系统服务的影响较强。

（四）2000~2015 年生态系统服务对土地利用变化的敏感度较强

2000~2015 年，生态系统服务对土地利用变化的敏感度为 0.42，其中文化服务对土地利用变化的敏感度较强，而供给服务、支持服务对土地利用变化的敏感度较弱；这一阶段耕地、草地面积增加，林地、水域、建设用地、未利用地的面积减少，主要表现为耕地转变为林地、草地、水域，林地转变为耕地、草地，水域转变为耕地，文化服务主要由林地、水域提供，因此 2000~2015 年林地、水域的变化对生态系统服务的影响较强。

三　生态系统服务价值与土地利用程度的相关性

基于 2000 年、2005 年、2010 年、2015 年生态系统服务价值及各项一级生态系统服务价值和土地利用程度综合指数，使用 SPSS 软件进行相关性分析，计算 Pearson 相关系数。土地利用程度与生态系统服务价值呈正相关，相关系数为 0.663；土地利用程度与供给服务价值呈现较弱的相关性，相关系数为-0.147；土地利用程度与调节服务价值呈正相关，相关系数为0.720；土地利用程度与支持服务价值呈正相关，相关系数为0.397；土地利用程度与文化服务价值呈正相关，且相关性最强，相关系数为0.816。这说明土地利用程度的提高对生态系统服务及调节服务、支持服务、文化服务具有增强作用，对供给服务具有抑制作用。

四　生态系统服务价值与土地景观指数的相关性

（一）生态系统服务价值与土地景观类型水平指数的相关性

基于2000年、2005年、2010年、2015年各土地利用类型的生态系统服务价值和土地景观类型水平指数，使用SPSS软件进行相关性分析，计算Pearson相关系数。各土地利用类型的生态系统服务价值与土地景观类型水平指数的相关系数绝对值均高于0.90，甚至个别相关系数为1（见表2-27）。耕地的生态系统服务价值与斑块面积比例、聚集度呈正相关，与斑块密度、景观形状指数呈负相关；其中与景观形状指数的相关性最强，相关系数为-0.994。林地、水域的生态系统服务价值与斑块面积比例、斑块密度、景观形状指数呈显著正相关，与聚集度呈负相关；其中与斑块面积比例的相关性最强，相关系数为1。草地、未利用地的生态系统服务价值与各个土地景观类型水平指数呈正相关；草地与斑块面积比例的相关性最强，相关系数为1；未利用地与景观形状指数的相关性最强，相关系数为0.999。景观形状指数与耕地、林地、草地、水域、未利用地的生态系统服务价值相关性较强，说明景观形状的复杂程度对生态系统服务价值具有较强的影响。

表 2-27　生态系统服务价值与土地景观类型水平指数的相关系数

土地利用类型	斑块面积比例（PLAND）（%）	斑块密度（PD）	景观形状指数（LSI）	聚集度（CLUMPY）
耕地	0.942	-0.941	-0.994**	0.960*
林地	1.000**	0.978*	0.990**	-0.920
草地	1.000**	0.924	0.989*	0.992**
水域	1.000**	0.998**	0.995**	-0.992**
未利用地	0.994**	0.973*	0.999**	0.989*

注：** 代表在0.01水平上显著相关；* 代表在0.05水平上显著相关。

斑块密度与林地、水域、未利用地的生态系统服务价值呈显著相关，景观形状指数与耕地、林地、草地、水域、未利用地的生态系统服务价值呈显著相关，聚集度与耕地、草地、水域、未利用地的生态系统服务价值呈显著相关，说明景观破碎程度对生态系统服务价值的影响较强。

（二）生态系统服务价值与土地景观水平指数的相关性

基于 2000 年、2005 年、2010 年、2015 年的生态系统服务价值及各生态系统服务价值构成和土地景观水平指数，使用 SPSS 软件进行相关性分析，计算 Pearson 相关系数（见表 2-28）。生态系统服务价值、调节服务价值、支持服务价值、文化服务价值与斑块密度、景观形状指数、香农多样性指数、香农均匀度指数呈正相关，与蔓延度呈负相关；供给服务价值与斑块密度、蔓延度呈正相关，与景观形状指数、香农多样性指数、香农均匀度指数呈负相关。这说明景观破碎化程度加重，景观形状指数增大，蔓延度指数减小，对生态系统服务和调节服务、支持服务、文化服务产生增强作用，对供给服务产生抑制作用。

表 2-28　生态系统服务价值与土地景观水平指数的相关系数

服务类型	斑块密度（PD）	景观形状指数（LSI）	蔓延度（CONTAG）	香农多样性指数（SHDI）	香农均匀度指数（SHEI）
生态系统服务	0.985*	0.745	-0.685	0.557	0.555
供给服务	0.502	-0.035	0.119	-0.278	-0.280
调节服务	0.995**	0.796	-0.741	0.621	0.619
支持服务	0.880	0.498	-0.423	0.270	0.268
文化服务	0.996**	0.877	-0.833	0.731	0.729

注：** 代表在 0.01 水平上显著相关；* 代表在 0.05 水平上显著相关。

五　本节小结

研究采用生态贡献率、敏感性指数、相关分析法等方法，分析了土地利用变化对生态系统服务的影响。得出的主要结论如下。

（1）耕地转变为水域、建设用地转变为耕地、耕地转变为林地是生态系统服务价值增加的主要原因，相反的转变方式是生态系统服务价值减少的主要原因；耕地转变为林地、建设用地转变为耕地是供给服务价值增加的主要原因，相反的转变方式是供给服务价值减少的主要原因；耕地转变为水域、建设用地转变为耕地、耕地转变为林地是调节服务价值增加的主要原因，相反的转变方式是调节服务价值减少的主要原因；耕地转变为林地、建设用地转变为耕地是支持服务价值增加的主要原因，相反的转变方式是支持服务价值减少的主要原因；耕地转变为水域、耕地转变为林地是文化服务价值增加的主要原因，相反的转变方式是文化服务价值减少的主要原因。

（2）生态系统服务、供给服务、调节服务、支持服务对土地利用变化的敏感性指数在 2005~2010 年达到峰值，说明耕地、林地的变化对生态系统服务及供给服务、调节服务、支持服务的影响较强；文化服务对土地利用变化的敏感性指数在 2000~2015 年达到峰值，说明林地、水域的变化对文化服务的影响较强。

（3）土地利用程度与生态系统服务价值呈正相关，与供给服务价值呈较弱的负相关性，与调节服务价值、支持服务价值、文化服务价值呈正相关；说明土地利用程度对生态系统服务及调节服务、支持服务、文化服务具有增强作用，对供给服务具有抑制作用。

（4）各土地利用类型的生态系统服务价值与土地景观类型水平指数具有较高的相关性，景观形状的复杂程度、景观破碎化程度对生态系统服务的影响较强；景观破碎化程度加重，景观形状指数增大，蔓延度指数减小，对生态系统服务及调节服务、支持服务、文化服务产生增强作用，对供给服务产生抑制作用。

第六节　政策启示

一　淮河流域生态环境整体恶化值得关注

运用价值量评价法评估淮河流域的生态系统服务，是从货币价值的角度评估生态系统服务，侧重于体现经济价值，更多地反映生态系统服务的总体稀缺性，可引起人们重视生态系统服务，进而可持续利用生态系统服务。评估生态系统服务还可以采用另一种方法——物质量评估法，这种方法是从物质量的角度评估生态系统服务，比较客观地反映生态系统的结构、功能及生态过程，进而反映生态系统的可持续性（赵景柱等，2000）。本研究采用价值量评价法评估淮河流域的生态系统服务，淮河流域生态系统服务价值从 2000 年到 2015 年减少 1184.35 亿元，呈下降趋势，这与崔延松等以淮河下游淮安市淮阴区为研究区，测算得到生态系统服务价值 1996~2008 年减少 4783 万元的结果（崔延松等，2010）基本一致；因此采用价值量评价法评估淮河流域的生态系统服务具有一定的合理性。淮河流域生态系统服务价值呈下降趋势，而基于 NPP 测算的河南省淮河流域的生态系统服务价值在 2001~2010 年呈上升趋势（乔旭宁等，2016），说明淮河流域生态环境整体有恶化的趋势，但仍存在生态系统服务价值上升、生态环境改善的区域。

二　优化土地利用结构

研究期间淮河流域生态系统服务价值降低的原因是生态系统服务价值高的水域、林地面积减小，耕地、林地、水域的土地利用变化对流域生态系统服务影响较强；研究期间流域生态环境存在改善的区域，也存在恶化的区域，生态环境改善的区域大多发生如耕地转变为水域、耕地转变为林地、建设用地转变为耕地的土地利用方式转变。耕地转变为林地主要集中在山地丘陵地区，耕地转变为水域集中在湖泊周边的蓄滞洪区，因此为保障淮河流域生态安全，应优化土地利用结构，坚持在伏牛山区、桐柏—大别山区、沂蒙山区等地区实施"退耕还林还草"，在微山湖、骆马湖、高邮湖、洪泽湖等区域实施"退耕还湖"，保护淮河流域的生态用地，实现淮河流域人类与生态系统的可持续发展。

三　完善耕地保护补偿和生态补偿机制

土地利用变化的主要因素是人类活动，需要构建流域上下游间、不同主体功能区间的生态补偿机制及基于耕地多功能性的补偿机制，以协调人—地关系和人—人关系，实现土地利用方式向环境友好型方向转变。①构建基于生态环境的流域多元主体补偿机制，对流域生态系统供给方（一般为流域上游）实施生态补偿，随着社会经济水平的提高加大补偿力度，经济补偿是初期阶段补偿方式的首选，随后可逐渐采用政策和智力补偿方式，提升区域的自我发展能力（乔旭宁等，2014）。②生态环境脆弱的地区在全国主体功能区规划中一般作为禁止或者限制开发区，主体功能定位对居民生计产生较大影响，居民为维持生计会从生态系统中获取更多的食物和产品，使土地利用类型朝生态功能低的方向转化。因此，实施主体功能区生态补偿，在保障居民生活水平提升的同时，可改善生态环境（乔旭宁等，2017）。③淮河流域内耕地面积占70%左右，在保障区域粮食安全的同时，还应关注耕地的生态效益，构建基于耕地多功能性的补偿机制，建立动态耕地保护经济补偿体系，将外部效益纳入耕地非农化核算体系，保证耕地外部性资金得到补偿（牛海鹏等，2014），改善农区经济发展状况及提高农民生计水平，提升农民从事农业生产活动的积极性，加强耕地的生态系统服务功能，保障区域粮食安全及生态安全。

参考文献

［1］ 常上，李珊珊，宋豫秦，2015. 张家口市生态服务价值对土地利用变化的响应. 北京大学学报（自然科学版），51（6）：1149-1156.

［2］ 陈希，王克林，祁向坤，等，2016. 湘江流域景观格局变化及生态服务价值响应. 经济地理，36（5）：175-181.

［3］ 陈志云，徐颂军，朱长柏，2016. 土地利用变化对生态系统服务价值的影响——以梅州高新区为例. 湖北农业科学，55（10）：2535-2538.

［4］ 崔延松，张飞，孔伟，2010. 淮河流域生态系统服务价值对土地利用变化的响应——以江苏省淮安市淮阴区为例. 生态经济（学术版），（2）：24-27.

［5］ 傅伯杰，张立伟，2014. 土地利用变化与生态系统服务：概念、方法与进展. 地理科学进展，33（4）：441-446.

［6］ 何鹏，张会儒，2009. 常用景观指数的因子分析和筛选方法研究. 林业科学研究，22（4）：470-474.

[7] 黄凤，乔旭宁，唐宏，2013. 近 20 年渭干河流域土地利用与生态系统服务价值时空变化. 干旱地区农业研究，31（2）：214-224.

[8] 黄云凤，崔胜辉，石龙宇，2012. 半城市化地区生态系统服务对土地利用/覆被变化的响应——以厦门市集美区为例. 地理科学进展，31（5）：551-560.

[9] 李双成，2014. 生态系统服务地理学. 北京：科学出版社.

[10] 梁欣，臧淑英，张思冲，2006. 基于土地利用变化的生态服务价值损益估算——以大庆市为例. 自然灾害学报，15（2）：68-72.

[11] 刘宇，吕一河，傅伯杰，2011. 景观格局-土壤侵蚀研究中景观指数的意义解释及局限性. 生态学报，31（1）：267-275.

[12] 刘祗坤，吴全，苏根成，2015. 土地利用类型变化与生态系统服务价值分析——以赤峰市农牧交错带为例. 中国农业资源与区划，36（3）：56-61.

[13] 牛海鹏，张杰，张安录，2014. 耕地保护经济补偿的基本问题分析及其政策路径. 资源科学，36（3）：427-437.

[14] 彭文甫，周介铭，杨存建，等，2014. 基于土地利用变化的四川省生态系统服务价值研究. 长江流域资源与环境，23（7）：1053-1062.

[15] 乔旭宁，王林峰，牛海鹏，等，2016. 基于 NPP 数据的河南省淮河流域生态经济协调性分析. 经济地理，36（7）：173-181.

[16] 乔旭宁，张婷，安春华，等，2014. 河南省区域发展协调度评价. 地域研究与开发，33（3）：33-38.

[17] 乔旭宁，张婷，杨永菊，等，2017. 渭干河流域生态系统服务的空间溢出及对居民福祉的影响. 资源科学，39（3）：533-544.

[18] 石龙宇，崔胜辉，尹锴，等，2010. 厦门市土地利用/覆被变化对生态系统服务的影响. 地理学报，65（6）：708-714.

[19] 谭少华，倪绍祥，2006. 20 世纪以来土地利用研究综述. 地域研究与开发，25（5）：84-89.

[20] 王航，秦奋，朱筠，等，2017. 土地利用及景观格局演变对生态系统服务价值的影响. 生态学报，37（4）：1286-1296.

[21] 王军，顿耀龙，2015. 土地利用变化对生态系统服务的影响研究综述. 长江流域资源与环境，24（5）：798-808.

[22] 王新华，张志强，2004. 黑河流域土地利用变化对生态系统服务价值的影响. 生态环境，13（4）：608-611.

［23］王雅，蒙吉军，2017. 黑河中游土地利用变化对生态系统服务的影响. 干旱区研究，34（1）：200-207.

［24］王友生，余新晓，贺康宁，等，2012. 基于土地利用变化的怀柔水库流域生态服务价值研究. 农业工程学报，28（5）：246-251.

［25］王云，周忠学，郭钟哲，2014. 都市农业景观破碎化过程对生态系统服务价值的影响——以西安市为例. 地理研究，33（6）：1097-1105.

［26］王宗明，张树清，张柏，2004. 土地利用变化对三江平原生态系统服务价值的影响. 中国环境科学，24（1）：126-129.

［27］杨清可，段学军，王磊，等，2017. 基于"三生空间"的土地利用转型与生态环境效应——以长江三角洲核心区为例. 地理科学，37（1）：1-9.

［28］杨永菊，乔旭宁，唐宏，等，2014. 渭干河流域土地利用程度与生态系统服务价值的关系. 湖北农业科学，53（2）：277-283.

［29］张靖，同丽嘎，董建军，等，2013. 土地利用/覆盖变化研究方法综述. 内蒙古大学学报（自然科学版），44（3）：329-336.

［30］张新荣，刘林萍，方石，等，2014. 土地利用、覆被变化（LUCC）与环境变化关系研究进展. 生态环境学报，23（12）：2013-2021.

［31］张振明，刘俊国，2011. 生态系统服务价值研究进展. 环境科学学报，31（9）：1835-1842.

［32］赵丹，李锋，王如松，2013. 城市土地利用变化对生态系统服务的影响——以淮北市为例. 生态学报，33（8）：2343-2349.

［33］赵景柱，肖寒，吴刚，2000. 生态系统服务的物质量与价值量评价方法的比较分析. 应用生态学报，11（2）：290-292.

［34］周厚侠，望勇，2016. 基于 RS 和 GIS 的黑河中游生态服务价值对土地利用变化的影响. 生态经济，32（4）：184-188.

［35］邹淑燕，马正亮，马彩虹，等，2017. 生态系统服务对土地利用转移流的响应及权衡分析——以渭南市为例. 西北师范大学学报（自然科学版），53（3）：116-121.

［36］Costanza R，D'Arge R，Groot R，et al.，1997. The value of the world's ecosystem services and natural capital. *Nature*，387（1）：253-260.

［37］Daily G C，1997. *Nature's services：Societal dependence on natural ecosystems*. Washington，DC：Island Press.

［38］ Fu B, Zhang L, Xu Z, et al. , 2015. Ecosystem services in changing land use. *Journal of Soils and Sediments*, 15 （4）: 833-843.

［39］ Han Z, Song W, Deng X, 2016. Responses of ecosystem service to land use change in Qinghai province. *Energies*, 9 （12）: 303.

［40］ MA, 2005. *Ecosystems and Human Wellbeing*: *Biodiversity Synthesis*. Washington, DC: World Resources Institute.

［41］ Peng W F, Zhou J M, Fan S Y, et al. , 2016. Effects of the land use change on ecosystem service value in Chengdu, western China from 1978 to 2010. *Journal of the Indian Society of Remote Sensing*, 44 （2）: 197-206.

［42］ Turner B L I, Skole D L, Sanderson S, et al. , 1995. Land-use and land-cover change. science/research plan. *Global Change Report* （Sweden）, 43: 669-679.

［43］ Wang C, Wang Y, Wang R, et al. , 2018. Modeling and evaluating land-use/land-cover change for urban planning and sustainability: A case study of Dongying city, China. *Journal of Cleaner Production*, 172: 1529-1534.

［44］ Wang W, Guo H, Chuai X, et al. , 2014. The impact of land use change on the temporo-spatial variations of ecosystems services value in China and an optimized land use solution. *Environmental Science & Policy*, 44: 62-72.

［45］ Wang Z, Zhang B, Zhang S, et al. , 2006. Changes of land use and of ecosystem service values in Sanjiang Plain, northeast China. *Environmental Monitoring and Assessment*, 112 （1-3）: 69-91.

［46］ Wu K, Ye X, Qi Z, et al. , 2013. Impacts of land use/land cover change and socioeconomic development on regional ecosystem services: The case of fast-growing Hangzhou metropolitan area, China. *Cities*, 31 （2）: 276-284.

第三章 流域居民福祉的空间异质性及路径效应

本章导读

➤ 淮河流域作为河南省乃至全国的重要生态功能区，长期以来，生态环境压力大，水体污染问题严重，旱涝灾害频发。2001年，该流域上游的21个区县所属区域被环保部划作"南水北调"的重要水源区，并被审批为淮河流域国家级生态功能保护区试点。

➤ 淮河流域居民福祉由基本需求、安全与健康需求、精神需求三个层次的福祉构成，总体表现为基本需求高于安全与健康需求，精神需求最低。

➤ 淮河流域居民福祉的主要影响因素是家庭状况和社会环境，生态环境与资源状况对居民福祉产生了较大影响，个人因素对流域居民福祉的直接影响效果非常突出，流域居民福祉呈现不平衡性及不充分性特征。

第一节 居民福祉研究文献回顾

2008年，《全国生态功能区划》划定淮河流域为国家重要生态功能区，两年后，《全国主体功能区规划》由国务院颁布，其部分地区被划定为国家重点生态功能区。2016年《河南省生态保护红线划定方案》初稿颁布，结合国家相关规定，考虑到河南省四区三带的区域生态安全情况，在省内共划分63个生态保护红线区，分为三个类型、七个区域、两类管控区。其中沿淮生态涵养带的生态保护红线主要位于河南省境内淮河沿线一带，总面积 241.75km^2，占河南省总面积的 0.15%。最终规划确定了 4 个生态保护红线区，分为生物多样性维护生态保护红线和水源涵养生态保护红线两类，前类区域占 3 个，后类区域占 1 个。不同区域的生态功能定位——如重点开发区与限制开发区、红线区与非红线区等，可能对居民福祉产生不同程度的影响。本章通过分析淮河流域居民福祉现状及空间异质性，为提高生态保护红线及主体功能区规划的实施效果、实现政府对流域的科学管理提供依据。

一　人类福祉研究

人类福祉，从广义上讲，在各个范畴、各个方面都有体现，主要体现在政治、经济、社会、文化、生态等方面，分别对应政治民主、经济实力增强、社会安定和谐、文化自信繁荣和生态绿色友好。狭义上，社会福祉的关注点是民生，其目标就是努力使全民在劳动、健康、安全、教育等方面的权利都得到充分保障。

人类福祉的定义具有学科间综合性，其中涉及的一个重要学科就是政治哲学，政治哲学是人类福祉理论产生的启蒙学科（代光烁等，2012）。古典功利主义观点下的福祉是指对所使用物品的偏爱程度或对其作用的满意程度，这些能用人们的满意度或幸福度来表示（李惠梅和张安录，2013）。在 Dodds 看来，居民福祉是一种心理状态，同时认为居民福祉的提高并不一定是因为收入的增加，提高居民福祉的最好方法极有可能是去确定人们的基本需求，进而避免商品拜物教（Dodds，1997）。Cummins 等所认为的居民福祉包括人际关系、生活成就、健康、安全、社区联系、生活满意度和未来的安全保障等七个重要方面（Cummins et al.，2003）。Hall 等则认为良好的或较高的物质基础、文化条件、健康水平、人际关系、自我选择和决定权等应当属于居民福祉的范畴（Hall et al.，2010）。千年生态系统评估是由联合国前秘书长安南于 2001 年 6 月宣布启动的，这个为期四年的国际合作项目是在全球范围内首个针对生态系统及其服务与人类福祉之间的联系，通过整合各种资源，归纳评估各类生态系统的重大项目（赵士洞和张永民，2006）。由 MA 总结的居民福祉包括维持高质量生活所需的物质基础、安全、选择与行动的自由、健康、良好的社会关系，这五个方面相互作用并影响。目前，这一概念被国内外学者广泛认可并应用到研究中。

福祉地理学研究的范围侧重于整体而不是个体，研究结果往往代表的是整个地区的生活水平、福祉水平等。福祉水平的空间差异存在一个动态演变的过程（王圣云和沈玉芳，2010）。Smith 和 Knox 先后提出"社会福祉地理学"，意味着地理学研究的重点逐渐由"福利"转向"福祉"，福祉地理学出现。Smith 提出了"福利地理方法"，其要点是"谁（Who）得到了什么（What），在哪里（Where）以及如何（How）得到的"（Smith，1977）。Smith 关注居民生活水平和福祉水平的评估，将人文地理学的各分支学科与居民生活的方方面面联系起来，构建了系统、统一的评价指标体系。在构建指标体系过程中，代表福祉的数据有些容易获取，有些不可获取。针对这些不可获取的数据，我们需要找到合适的指标来替换。选取福祉指标的时候要综合考虑福祉的调查对象、调查领域、调查空间等因素，这些因素的不同会引起福祉权重的差异。多个指标因素构成了福祉这个多层次体系，它的各个层次间有重叠部分或有相互影响。

居民福祉可以分为主观福祉以及客观福祉两类。主观福祉是指当居民的需求被满足时，会产生幸福感、满足感、缺失感、痛苦感等主观感受。客观福祉是指居民实实在在拥有的物质、能力等，这些客观存在的要素在基本生活、安全健康、文化教育等方面对居民产生影响。采用问卷方式调查主观福祉比较直观有效，采用计量的经济社会指标是调查客观福祉的主要方法。

评价福祉指标体系的重点在于福祉的两个基本特性——多维性和差异性。居民福祉的多维性主要受到客观福祉的多维构成的影响，在评价过程中，我们应该全面考虑其他福祉及主观福祉，使居民福祉评价的方法更全面、更科学（王大尚等，2013）。居民福祉具有区域差异性，Costanza 等认为，对当地居民福祉进行评价时，不同区域居民需求所占的权重往往存在差异，这一点应该被领导者和政府相关部门重点考虑（Costanza et al.，1997）。不同地区通常会存在自然、经济、文化等各方面的差异，这些差异在一定程度上会影响居民福祉，导致不同地区居民福祉的水平和权重不尽相同。例如，不同的收入水平会对应不同的福祉水平，收入比较低的居民往往更渴望改善经济福祉。所以，只有充分考虑福祉的基本特性才能得到更加科学的评价结果。

二　空间异质性研究

空间异质性（spatial heterogeneity）是生态学领域一个重要的理论问题，指生态学过程和布局在空间分布上的不均匀性及复杂性。空间异质性包括空间局域异质性（spatial local heterogeneity）和空间分层异质性（简称空间分异性）（spatial stratified heterogeneity）两方面。其中，空间局域异质性是指该点属性值与其周围不同，比如热点或冷点；空间分层异质性是指多个类型或区域之间存在差异。Kolasa 和 Pickett 把空间异质性定义为某种生态学变量在空间分布上的不均衡性和复杂程度，是空间斑块性（patchness）和空间梯度（gradient）的综合体现（Kolasa and Pickett，1991）。Li 和 Reynolds（1995）认为空间异质性的概念应该是"所研究的系统特性在空间上的变异性和复杂性"。涉及系统特征的复杂性和变异性结构特征时，空间异质性称为结构异质性（Li and Reynolds，1995）；涉及生态学过程和功能作用时，空间异质性则称为功能异质性（Kolasa and Pickett，1991）。

20 世纪 90 年代，空间异质性成为生态学领域中一个极其重要的理论问题，同时也是生态学家研究不同标准下的生态系统功能和过程中最偏好的问题（蒋文伟等，2003）。空间异质性在许多生态学理论中起中心作用（Kareiva，1994）。生态学领域的空间异质性是一种很好的指导方法，可以帮助我们解释生态学的复杂过程及其反馈机制。

当代的景观生态学主要研究的内容就是生态系统的空间异质性，在景观尺度上空间异质性结构特征由空间组成、构型和相关三部分构成（Pickett and Cadenasso，1995）。此外，国内学者对空间异质性的应用还普遍体现在经济学领域。吴玉鸣指出空间异质性是指地理空间是不均质的，导致发达地区和落后地区、中心和外围地区等经济地理结构的存在，导致地区间经济社会发展和区域创新行为存在很大的差异（吴玉鸣，2005）。

第二节　流域居民福祉的空间异质性分析

一　研究方法与数据来源

(一) 流域居民福祉的评价方法

利用熵值法计算出各研究区域的基本需求得分、安全与健康需求得分、精神需求得分及各调查区域居民福祉总得分。各市辖区、县级市和县的要素层(基本需求、安全与健康需求、精神需求)的得分水平就代表了各要素层福祉水平,各市辖区、县级市和县总得分水平就代表了整体居民福祉水平。得分高的调查区域,其相应的居民福祉水平就高;得分低的调查区域,其相应的居民福祉水平就低。

(二) 空间异质性分析方法

以河南省淮河流域的市辖区、县级市和县为研究对象,利用熵值法求出指标层指标的得分,再结合 ArcGIS 的热点分析功能,分别对居民福祉的要素层基础需求、安全与健康需求、精神需求做出空间异质性分析,探索居民福祉的空间分布规律。

普通线性回归会因空间的相关性而出现模型失效,这里的模型主要指误差服从正态分布假设模型,而且有的全局性的统计分析方法不能直接被空间建模应用(Wu, 2007)。所以,选用局部自相关分析方法,即热点分析法分析空间异质性。热点分析以一定的分析规模内的全部要素为依据,计算各个要素 Getis-Ord G^* 统计值,得出各个要素的 Z 得分和 p 值(Getis and Ord, 1992; Anselin, 1995)。成为热点需要满足两个条件:第一个条件是要素值是高值;第二个条件是被相同高值的要素包围,成为统计学上的显著性热点(Shen et al., 2006; Seng et al., 2010)。通过冷热点分析,可得知居民福祉高值或者低值在空间上发生聚类的位置(杨晓明等,2014)。Getis-Ord G^* 局部统计可表示为:

$$G_i^* = \frac{\sum_{j=1}^{n} w_{i,j} x_j - \bar{X} \sum_{j=1}^{n} w_{i,j}}{s \sqrt{\dfrac{n \sum_{j=1}^{n} w_{i,j}^2 - (\sum_{j=1}^{n} w_{i,j})^2}{n-1}}} \tag{3-1}$$

其中，x_j 是要素 j 的属性值，$w_{i,j}$ 表示要素 i 和 j 之间的空间权重（不相邻为 0，相邻为 1），n 是样本点总数。S 为标准差，$\bar{X}$ 为均值，G_i^* 统计结果是 Z 得分。如果 Z 得分值为 +2.5，则表明结果是 2.5 倍标准差。在统计学上，其显著性得分中正值表示热点，Z 得分越高，表示热点聚集就越紧密；负值表示冷点，Z 得分越低，冷点的聚集就越紧密（Getis and Ord，1992；Anselin，1995）。

（三）数据来源

数据来自 2015 年对河南省淮河流域生态系统与居民福祉的调查问卷。问卷对河南省淮河流域的登封市、新密市、中牟县、中原区、浉河区等 61 个市辖区、县级市和县，徐庄、曲梁、白沙、高新、五里河、官会、黄岗等 210 个乡镇、市区街道办事处，795 名当地居民进行了生态服务与居民福祉的调查，具体调查内容包括自身特征、家庭特征、财富水平、生态系统、资源与环境安全、社会环境等。其中，自身特征方面调查了性别、年龄、婚否、受教育程度、健康状况、期望寿命、是否村干部、健康满意度、职业；家庭特征方面调查了居民的家庭人口、劳动力人数、住房距城镇距离、住房面积；财富水平方面调查了居民的家庭总收入、政府补贴收入、外出打工收入、资源收入、当前收入满意度；生态系统方面调查了河流生态状况满意度、生态系统整体满意度，与 5 年前相比、与 10 年前相比、与 20 年前相比的环境变化，生态环境变化感知明显度、耕地面积、林地面积、牲畜数量、耕地满意度、林地满意度、养殖满意度、退耕还林面积、退耕还林是否改善环境、资源就业供给功能满意度、资源收入供给功能满意度、资源食物供给功能满意度；资源与环境安全方面调查了地表水污染状况、地下水污染状况、水资源满意度、农药化肥等对土壤环境的影响；社会环境方面调查了家庭关系满意度、邻里关系满意度、医疗基础设施建设满意度、教育基础设施建设满意度、交通满意度、政府政策满意度。

二 基于问卷调查数据的流域居民福祉评价

（一）流域居民福祉评价指标体系的构建

根据 MA，人类福祉由维持高质量生活所需的物质基础、安全、健康、选择与行动的自由、良好的社会关系 5 类要素构成（李惠梅和张安录，2013），结合河南省淮河流域的自然资源、社会经济等基本情况，基于生态系统服务功能和数据的可获取性建立河南省淮河流域居民福祉评价指标体系（见表 3-1）。

表 3-1　居民福祉评价指标体系

目标层	要素层	准则层	指标层	指标性质
居民福祉	基本需求	基本收入	人均纯收入（万元）	+
			收入满意度	+
		基本物质	交通满意度	+
			人均耕地面积（亩）	+
			养殖满意度	+
			住房距城镇距离（公里）	－
			人均居住面积（m²）	+
	安全与健康需求	安全	水资源满意度	+
			地表水污染状况	
			地下水污染状况	
			农药化肥等对土壤环境的影响	－
		健康	健康满意度	+
			期望寿命	+
			医疗基础设施满意度	+
	精神需求	良好的社会关系	家庭关系满意度	+
			邻里关系满意度	+
		文化教育	平均受教育年限（年）	+
			教育基础设施满意度	+
		选择与行动的自由	政府政策满意度	+

（二）流域居民福祉评价体系指标权重及福祉得分计算

本研究以河南省淮河流域的 61 个市辖区、县级市和县为评价对象建立居民福祉评价指标体系，指标体系分为基本需求、安全与健康需求和精神需求 3 个一级指标。其中，基本需求又包括基本收入和基本物质 2 个二级指标，以及人均纯收入、收入满意度、交通满意度、人均耕地面积、养殖满意度、住房距城镇距离、人均居住面积等 7 个三级指标；安全与健康需求包括安全、健康 2 个二级指标，以及水资源满意度、地表水污染状况、地下水污染状况、农药化肥等对土壤环境的影响、健康满意度、期望寿命、医疗基础设施满意度等 7 个三级指标；精神需求包括良好的社会关系、文化教育和选择与行动的自由 3 个二级指标，以及家庭关系满意度、邻里关系满意度、平均受教育年限、教育基础设施满意度、政府政策满意度等 5 个三级指标。

指标体系的权重确定有多种方法，专家打分法（德尔菲法）、层次分析法（AHP）、熵值法等是比较常用方法。在综合评价指标的构建中，根据评价者主观上对各指标的重视程度来确定权重的方法叫作主观赋权法；根据各指标所提供的信息量来决定指标的权重的方法叫作客观赋权法，其所依据的原始数据来源于客观环境（陈明星等，2009）。在淮河流域居民福祉评价体系中，每个指标有不同的影响和作用，为了避免研究中的主观因素，需要对指标进行权重赋值来反映指标在评价体系中所占的比重大小。

熵值法通过计算指标的信息熵，即分析指标的相对变化程度对系统整体的影响，来确定指标的权重，相对变化程度大的指标具有较大的权重，相对变化程度小的指标，相应的权重也小（郑明明和徐红，2016）。熵值法有效地排除了主观因素的干扰，是比较简单、客观的权重计算方法，故采用熵值法来确定评价指标的权重。

首先，对各指标的原始数据进行标准化处理。指标值越大表明居民福祉水平越高时，采用公式：

$$X'_{ij} = \frac{X_{ij} - \min(X_j)}{\max(X_j) - \min(X_j)} \qquad (3-2)$$

指标值越小表明居民福祉水平越高，采用公式：

$$X'_{ij} = \frac{\max(X_j) - X_{ij}}{\max(X_j) - \min(X_j)} \tag{3-3}$$

其次，计算第 i 个市辖区、县级市或县（调查区域）里第 j 个指标值的比重：

$$Y_{ij} = \frac{X'_{ij}}{\sum_{i=1}^{m} X'_{ij}} \tag{3-4}$$

计算指标信息熵：

$$e_j = -k \sum_{i=1}^{m} (y_{ij} \ln y_{ij}) \tag{3-5}$$

令 $k = 1/\ln m$，则 $0 \leq e_j \leq 1$，计算信息熵冗余度：

$$d_j = 1 - e_j \tag{3-6}$$

指标的权重为：

$$W_j = \frac{d_j}{\sum_{j=1}^{m} d_j} \tag{3-7}$$

单项指标得分：

$$S_{ij} = W_j \times X'_{ij} \tag{3-8}$$

第 i 个调查区域的综合得分：

$$S_i = \sum_{j}^{n} S_{ij} \tag{3-9}$$

公式中，X_{ij} 表示第 i 个调查区域中第 j 项指标数据的值，$\min(X_j)$ 表示所有调查区域中第 j 项指标的最小值，$\max(X_j)$ 表示所有调查区域中第 j 项指标的最大值，n 为指标数，m 为调查区域个数。

根据权重计算结果（见表 3-2），要素层指标权重从大到小依次为基本需求、安全与健康需求、精神需求，具体权重值为基本需求 0.5527、安全与健康需求 0.3276 和精神需求 0.1197；准则层权重从大到小依次为：基本物质、安全、基本收入、健康、文化教育、良好的社会关系、选择与行动的自由，其中权重最大的为基本物质 0.4241，最小权重为选择与行动的自由 0.0191；指标层中，平均权重为 0.0526，其中权重最大的是人均居住面积，权重值为 0.2074，权重最小的是政府政策满意度，权重值为 0.0191。

表 3-2　河南省淮河流域居民福祉评价体系指标权重

要素层	权重	准则层	权重	指标层	权重
基本需求	0.5527	基本收入	0.1286	人均纯收入（万元）	0.0985
				收入满意度	0.0301
		基本物质	0.4241	交通满意度	0.0460
				人均耕地面积（亩）	0.1080
				养殖满意度	0.0311
				住房距城镇距离（公里）	0.0316
				人均居住面积（m²）	0.2074
安全与健康需求	0.3276	安全	0.2342	水资源满意度	0.0585
				地表水污染状况	0.0616
				地下水污染状况	0.0494
				农药化肥等对土壤环境的影响	0.0647
		健康	0.0934	健康满意度	0.0260
				期望寿命	0.0461
				医疗基础设施满意度	0.0213
精神需求	0.1197	良好的社会关系	0.0445	家庭关系满意度	0.0216
				邻里关系满意度	0.0229
		文化教育	0.0561	平均受教育年限（年）	0.0305
				教育基础设施满意度	0.0256
		选择与行动的自由	0.0191	政府政策满意度	0.0191

利用公式（3-8）计算出单项指标得分，汇总到要素层，分别计算出河南省淮河流域各市辖区、县级市、县基本需求得分、安全与健康需求得分、精神需求得分（见表 3-3），最后汇总到目标层，计算出河南省淮河流域各市辖区、县级市、县居民福祉得分（见表 3-4）。

表 3-3 河南省淮河流域要素层福祉得分

基本需求		安全与健康需求		精神需求	
市辖区、县级市、县	得分	市辖区、县级市、县	得分	市辖区、县级市、县	得分
舞阳县	0.3419	柘城县	0.2502	郾城区	0.0923
虞城县	0.2855	太康县	0.2145	金水区	0.0900
睢阳区	0.2330	舞阳县	0.1952	鄢陵县	0.0848
固始县	0.2312	永城市	0.1951	宁陵县	0.0837
召陵区	0.2270	确山县	0.1899	中原区	0.0816
杞县	0.2118	平舆县	0.1871	郏县	0.0810
民权县	0.2103	郾城区	0.1825	新郑市	0.0793
夏邑县	0.2053	郸城县	0.1778	西平县	0.0762
睢县	0.2001	中牟县	0.1711	杞县	0.0756
西华县	0.1949	西平县	0.1709	西华县	0.0751
光山县	0.1882	汝州市	0.1706	淮阳县	0.0750
潢川县	0.1861	项城市	0.1691	叶县	0.0748
中原区	0.1861	上蔡县	0.1668	遂平县	0.0745
项城市	0.1834	商城县	0.1654	中牟县	0.0743
泌阳县	0.1820	虞城县	0.1649	平舆县	0.0733
汝州市	0.1812	金水区	0.1645	荥阳市	0.0731
巩义市	0.1776	新郑市	0.1643	禹州市	0.0731
西平县	0.1762	惠济区	0.1628	兰考县	0.0729
商水县	0.1732	扶沟县	0.1620	永城市	0.0727
淮阳县	0.1728	登封市	0.1616	临颍县	0.0717
息县	0.1714	宁陵县	0.1608	浉河区	0.0715
登封市	0.1711	新县	0.1605	夏邑县	0.0714
荥阳市	0.1710	潢川县	0.1596	汝南县	0.0713
祥符区	0.1692	中原区	0.1595	固始县	0.0707
汝南县	0.1659	淮滨县	0.1593	沈丘县	0.0705
郾城区	0.1641	汝南县	0.1592	项城市	0.0704
永城市	0.1618	新蔡县	0.1576	太康县	0.0703
长葛市	0.1555	夏邑县	0.1567	商城县	0.0702
平舆县	0.1527	尉氏县	0.1556	扶沟县	0.0698

基本需求		安全与健康需求		精神需求	
市辖区、县级市、县	得分	市辖区、县级市、县	得分	市辖区、县级市、县	得分
太康县	0.1524	睢县	0.1550	登封市	0.0697
罗山县	0.1505	祥符区	0.1548	郸城县	0.0689
淮滨县	0.1504	鄢陵县	0.1535	新蔡县	0.0676
新密市	0.1503	郏县	0.1532	民权县	0.0668
中牟县	0.1486	淮阳县	0.1528	泌阳县	0.0667
许昌县	0.1478	固始县	0.1519	鲁山县	0.0664
沈丘县	0.1473	召陵区	0.1499	虞城县	0.0664
新蔡县	0.1468	罗山县	0.1476	祥符区	0.0659
鄢陵县	0.1460	光山县	0.1467	长葛市	0.0657
兰考县	0.1426	鹿邑县	0.1466	光山县	0.0650
鹿邑县	0.1408	叶县	0.1447	罗山县	0.0648
禹州市	0.1408	兰考县	0.1440	潢川县	0.0635
确山县	0.1396	沈丘县	0.1434	鹿邑县	0.0631
郏县	0.1379	许昌县	0.1428	商水县	0.0631
遂平县	0.1366	桐柏县	0.1424	尉氏县	0.0629
上蔡县	0.1364	巩义市	0.1419	上蔡县	0.0621
平桥区	0.1341	禹州市	0.1374	睢阳区	0.0620
叶县	0.1332	睢阳区	0.1370	新县	0.0619
临颖县	0.1296	临颖县	0.1370	桐柏县	0.0612
桐柏县	0.1281	荥阳市	0.1362	惠济区	0.0611
尉氏县	0.1260	泌阳县	0.1341	确山县	0.0610
新郑市	0.1248	商水县	0.1322	汝州市	0.0609
新县	0.1187	新密市	0.1314	柘城县	0.0605
柘城县	0.1148	西华县	0.1277	许昌县	0.0604
宁陵县	0.1134	民权县	0.1274	睢县	0.0601
鲁山县	0.1121	息县	0.1273	息县	0.0598
浉河区	0.1111	杞县	0.1206	召陵区	0.0584
扶沟县	0.1110	遂平县	0.1205	新密市	0.0567
郸城县	0.1089	浉河区	0.1191	淮滨县	0.0548

续表

基本需求		安全与健康需求		精神需求	
市辖区、县级市、县	得分	市辖区、县级市、县	得分	市辖区、县级市、县	得分
金水区	0.1070	平桥区	0.1114	舞阳县	0.0521
商城县	0.0958	鲁山县	0.1057	平桥区	0.0473
惠济区	0.0676	长葛市	0.0746	巩义市	0.0381

表3-4 河南省淮河流域居民福祉得分

市辖区、县级市、县	居民福祉总得分	市辖区、县级市、县	居民福祉总得分
舞阳县	0.5891	汝南县	0.3963
虞城县	0.5168	中牟县	0.3940
固始县	0.4538	确山县	0.3905
郾城区	0.4389	祥符区	0.3899
太康县	0.4372	鄢陵县	0.3843
召陵区	0.4353	泌阳县	0.3827
夏邑县	0.4334	荥阳市	0.3803
睢阳区	0.4319	郏县	0.3720
永城市	0.4296	新蔡县	0.3720
中原区	0.4272	商水县	0.3685
柘城县	0.4255	新郑市	0.3683
西平县	0.4232	上蔡县	0.3653
项城市	0.4230	淮滨县	0.3645
睢县	0.4152	罗山县	0.3629
平舆县	0.4131	金水区	0.3614
汝州市	0.4127	沈丘县	0.3612
潢川县	0.4092	兰考县	0.3595
杞县	0.4079	息县	0.3585
民权县	0.4045	宁陵县	0.3579
登封市	0.4025	巩义市	0.3576
淮阳县	0.4006	郸城县	0.3556
光山县	0.3999	叶县	0.3527
西华县	0.3977	禹州市	0.3512

市辖区、县级市、县	居民福祉总得分	市辖区、县级市、县	居民福祉总得分
许昌县	0.3509	遂平县	0.3317
鹿邑县	0.3505	商城县	0.3315
尉氏县	0.3445	浉河区	0.3018
扶沟县	0.3427	长葛市	0.2958
新县	0.3411	平桥区	0.2928
新密市	0.3385	惠济区	0.2915
临颍县	0.3383	鲁山县	0.2843
桐柏县	0.3317		

三　居民福祉的空间异质性分析

(一)　流域居民福祉水平的空间变化

居民福祉由基本需求、安全与健康需求、精神需求三个层次的福祉构成，由确定的权重可知，其按重要性从大到小排序为基本需求、安全与健康需求、精神需求。由居民福祉的得分可知，居民福祉的空间分异的规律表现为舞阳县的福祉水平最高，虞城县其次，鲁山县最低。舞阳县和虞城县的居民福祉水平高，并且虞城县附近的夏邑县、永城市、睢阳区、柘城县、太康县、睢县等地居民福祉水平较高，舞阳县附近的郾城区、召陵区、西平县的居民福祉水平较高，通过观察发现，福祉水平高的地区似乎有一种集聚的状态，可以用热点分析进行验证。

(二)　流域居民福祉的空间集聚分析

运用 ArcGIS 空间统计工具中聚类分布制图下的热点分析功能（Getis-Ord G_i^*），计算出河南省淮河流域 G_i^* 得分。按冷热点分析常用的分级方式，居民福祉水平 $G_i^* < -1.65$ 为冷点区域，$-1.65 \leq G_i^* \leq 1.65$ 为过渡区域，$G_i^* > 1.65$ 为热点区域（乔旭宁等，2016），据此可分析居民福祉在空间上的集聚特征。

1. 基本需求分析

基本需求在居民福祉中所占权重最大，基本需求准则层中重要性排序为基本物质>基本收入；基本物质指标层中重要性排序为人均居住面积>人均耕地面积>交通满意度>住房距城镇距离>养殖满意度。在调查的61个市辖区、县级市、县中，基本需求福祉水平最高的是舞阳县，其次是虞城县，最低的是惠济区。

由基本需求的热点分析可以看出：基本需求福祉高值区集聚在虞城县、夏邑县，及以舞阳县为中心的叶县、西平县、召陵区、郾城区、临颍县等地区，形成了流域居民基本需求福祉水平较高的热点区域；冷点区域集聚在新郑市和中牟县，该区域居民基本需求福祉水平较低；过渡区域位于冷热点区域之间，居民福祉集聚效应不显著。

2. 安全与健康需求分析

安全与健康需求在居民福祉中所占权重其次，安全与健康需求准则层中重要性排序为安全>健康；安全指标层中重要性排序为农药化肥等对土壤环境的影响>地表水污染状况>水资源满意度>地下水污染状况。在调查的61个市辖区、县级市、县中，安全与健康需求福祉水平最高的是柘城县，其次是太康县，最低的是长葛市。

由安全与健康需求的热点分析可以看出：安全与健康需求福祉高值区集聚在柘城县、睢县、鹿邑县等地区，形成了流域居民安全与健康需求福祉水平较高的热点区域；冷点区域集聚在禹州市、长葛市和浉河区，该区域居民安全与健康需求福祉水平较低；过渡区域位于冷热点区域之间，居民福祉集聚效应不显著。

3. 精神需求分析

精神需求在居民福祉中所占权重最小，精神需求准则层中重要性排序为文化教育>良好的社会关系>选择与行动的自由；文化教育指标层中重要性排序为平均受教育年限>教育基础设施满意度。在调查的61个市辖区、县级市、县中，精神需求福祉水平最高的是郾城区，其次是金水区，最低的是巩义市。

由精神需求的热点分析可知：精神需求福祉高值区集聚在金水区、惠济区和许昌县，形成了流域居民精神需求福祉水平较高的热点区域；没有冷点区域；其余均为过渡区域，居民福祉集聚效应不显著。

4. 居民总福祉水平分析

居民福祉的热点分析表明：居民福祉高值区集聚在虞城县、夏邑县，及以舞阳县为中心的叶县、西平县、遂平县、召陵区、郾城区等地区，形成了流域居民福祉水平较高的热点区域；冷点区域分为两块集聚，分别是新郑市和长葛市、平桥区和浉河区，上述区域居民福祉水平较低；过渡区域位于冷热点区域之间，居民福祉集聚效应不显著。

四　本节小结

（一）结论

河南省淮河流域居民福祉由基本需求、安全与健康需求、精神需求三个层次的福祉构成。基本需求福祉对居民福祉的影响很大，居民福祉的冷热点区域和基本需求福祉的冷热点区域相似度很高，尤其是热点区域都集聚在虞城县、夏邑县，及以舞阳县为中心的叶县、西平县、召陵区、郾城区等地区；居民福祉冷点区域主要受基本需求福祉和安全与健康需求福祉的影响；精神需求福祉对居民福祉冷热点区域的影响不大。

（二）政策启示

（1）提升居民福祉水平要充分考虑不同区域差异性

对于经济发展水平较高的居民福祉冷点区域，如新郑市、长葛市、平桥区、浉河区地区，应当重点提升居民对于收入、生态环境、物质要素的满意度。对于经济发展水平低的居民福祉冷点区域，应结合国家及地区扶贫工程，着重提高居民的基本需求福祉水平和安全与健康需求福祉水平。

（2）提升居民福祉水平要分阶段有重点地开展

首先，要重点提高基本需求福祉水平，这就需要着重改善人均居住面积、人均耕地面积、养殖满意度、住房距城镇距离等指标。其次，要提高居民的安全与健康需求福祉水平，重点改善居民居住环境中的环境污染状况及水资源状况。最后，在以上两方面的基础上通过设法增加居民的受教育年限，加大居民的教育基础设施投入等，改善文化教育，以提高居民的精神需求福祉水平，最终达到提高居民福祉水平的目的。

第三节　流域居民福祉的影响因素及路径效应

一　调查问卷设计与研究方法

（一）研究区概况

河南省淮河流域位于其中部和东南部，南部沿桐柏山脉、大别山脉、省界呈半环形分布，北部为黄淮海冲积平原，地跨 11 个省辖市，81 个县（市、区），约占河南省总面积的 52%。2015 年，研究区人口占河南省总人口的 58.36%，城镇化率为 46.37%，城乡居民收入差异很大，地区生产总值占河南省生产总值的 55.75%，第二产业、第三产业是该区域的主要产业类型。① 该区域是河南省新型城镇化和工业化的重要区域，也是河南省"四区三带"生态安全格局的重要组成部分；既包含国家主体功能区中的重点开发区，也包括生态与农业限制和禁止开发区。

（二）调查问卷设计与样本选取

数据来源于对淮河流域的居民随机抽样调查，在每个省辖市内，随机选择县；在选择的每个县内，随机选择乡镇。采用调查员与居民一对一的问卷调查方式，尽可能详细了解有关居民福祉的广泛信息，总共发放调查问卷 850 份，有效问卷 802 份，有效率达 94.35%。调查问卷的设计围绕影响居民福祉的假说模型展开，在分析相关研究文献的基础上，借鉴国内外相关研究成果，结合河南省淮河流域的实际，针对模型中的各项假说设计问卷，采用封闭式题型设计具体问题。有关满意度的指标，采用五级李克特量表法，将很不满意视为 1，较不满意视为 2，一般视为 3，较满意视为 4，满意视为 5。

（三）研究方法

不同于传统的统计分析方法，结构方程模型可以同时处理测量与分析问题，其包含结构模型、测量模型两部分。测量模型描述潜变量 ξ、η 与观

---

① 资料来源：2016 年河南统计年鉴。

测变量 X、Y 之间的关系；结构模型说明外生潜变量和内生潜变量之间的关系。

$$Y = \lambda_y \eta + \varepsilon \qquad\qquad (3-10)$$

$$X = \lambda_x \xi + \sigma \qquad\qquad (3-11)$$

$$\eta = B\eta + \Gamma\xi + \zeta \qquad\qquad (3-12)$$

其中，式（3-10）、式（3-11）是测量模型的回归方程式，式（3-12）是结构模型的回归方程式。式中，Y 为内生观测变量组成的向量；X 为外生观测变量组成的向量；η 为内生潜变量；ξ 为外生潜变量；λ_Y 为内生观测变量在内生潜变量上的因子负荷矩阵，它表示内生潜变量 η 和其观测变量 Y 之间的关系；λ_x 为外生观测变量在外生潜变量上的因子负荷矩阵，它表示外生潜变量 ξ 和其观测变量 X 之间的关系；ε 和 σ 为测量方程的残差矩阵；B 为结构系数矩阵，它表示结构模型中内生潜变量 η 的构成因素之间的相互影响；Γ 为结构系数矩阵，它表示结构模型中外生潜变量 ξ 对内生潜变量 η 的影响；ζ 为结构模型的残差矩阵（张伟和高霞，2012）。常用的结构方程模型软件有 LISREL 与 AMOS。AMOS 分析软件内定的估计法是极大似然估计（Maximum Likelihood，ML）法，在大多数情境下 ML 法参数估计值较其他方法更佳。因此，本研究采用 ML 法进行估算，运用极大似然法 t 值的检验判断指标的显著性。

应用路径分析的方法，通过路径图和效应值来分析影响居民福祉构成的多维因素间的关系，这种效应又可分为直接效应、间接效应和总体效应。由于影响因素均属于潜变量，不可直接观测，因此只能通过其他可直接观测或测量的变量进行量化分析。研究以居民福祉为内生潜变量，以个人特征、家庭状况、资源环境、社会环境为外在潜变量，分析居民福祉的各影响因素对福祉的贡献及其相互作用关系，以期找到居民福祉的主要影响因素、各因素间如何发生相互作用及制约流域居民福祉提升，为流域居民福祉提升提供路径。

二 结果与分析

（一）变量选取与处理

1. 变量选取与构成

在参阅相关学者研究的基础上（Cummins et al.，2003；胡荣华和陈琰，2012），结合研究区的特点，选取居民在个人特征、家庭状况、资源环境和社会环境这四个维度的相应指标进行测量。其中，个人特征维度由性别、年龄、受教育程度、健康状况、健康的满意度、职业等六个指标构成；家庭状况维度由家庭人口、劳动力人数、住房距城镇距离、住房面积、家庭总收入、政府补贴收入、外出打工收入、资源收入、当前收入的满意度、家庭关系的满意度、邻里关系的满意度等11个指标构成；资源环境维度则由淮河流域河流生态状况的满意度、淮河流域生态系统的整体满意度、耕地面积、林地面积、耕地的满意度、林地的满意度、资源就业供给功能的满意度、资源收入供给功能的满意度、资源食物供给功能的满意度、地表水污染状况、地下水污染状况、水资源的满意度、农药化肥等对土壤及环境的影响等13个指标构成；社会环境维度由医疗基础设施建设的满意度、教育基础设施建设的满意度、交通的满意度、政府政策的满意度等四个指标构成（见表3-5）。

2. 变量特征

调查对象以男性为主，年龄段以31~50岁为主；大部分居民的健康状况良好，受教育水平较低，从事非农业或以非农业为主的工作，在淮河流域从事纯农业生产的农户较少、外出务工人员较多（与河南省人口净迁出相关研究成果一致），家庭人口大多是5人，劳动力人数以2人或3人为主，多数家庭是老人与孩子共同生活。

从流域居民对福祉构成要素的满意程度来看，多数居民对健康状况感到满意，但对收入的满意度较低，表明调查区域居民收入水平相对较低，流域居民对流域生态系统的整体满意度不高，对河流生态状况的满意度低，仅有13.34%的居民感到满意或者较满意，对水资源的满意度也很低，仅有25.43%的居民感到满意或者较满意，尽管河南省淮河流域生态环境整体呈

表 3-5　问卷指标基本信息

潜变量		指标		
符号	含义	符号	含义	类别/比例
A1	个人特征	X1	性别	男性/64.84%；女性/35.16%
		X2	年龄	30 岁及以下/40.40%；31～50 岁/45.64%；50 岁以上/13.97%
		X4	受教育程度	未受教育/4.11%；小学/14.09%；初中/31.30%；高中、中专/18.20%；大专/8.98%；本科及以上/23.32%
		X5	健康状况	不健康/1.75%；较差/4.24%；一般/22.44%；较好/22.07%；健康/49.38%
		X8	健康的满意度	很不满意/2.24%；较不满意/10.22%；一般/25.19%；较满意/34.29%；满意/28.05%
		X9	职业	从事农业工作/22.32%；从事农业与非农业工作（但以农业工作为主）/21.70%；从事农业与非农业工作（但以非农业工作为主）/20.95%；从事非农业工作/35.04%
A2	家庭状况	X10	家庭人口	1～3 人/2.37%；4 人/10.85%；5 人/43.89%；6 人/27.31%；6 人以上/15.59%
		X11	劳动力人数	0 人/7.73%；1 人/34.91%；2 人/42.89%；3 人/11.72%；4 人及以上/2.74%
		X12	住房距城镇距离（km）	
		X13	住房面积（m²）	
		X14	家庭总收入（万元）	
		X15	政府补贴收入（元）	
		X16	外出打工收入（万元）	
		X17	资源收入（万元）	
		X18	当前收入的满意度	很不满意/12.47%；较不满意/20.07%；一般/44.01%；较满意/17.46%；满意/5.99%
		X19	家庭关系的满意度	很不满意/1.50%；较不满意/5.86%；一般/16.46%；较满意/32.54%；满意/43.64%
		X20	邻里关系的满意度	很不满意/1.62%；较不满意/4.11%；一般/23.82%；较满意/38.15%；满意/32.29%

续表

潜变量		指标		
符号	含义	符号	含义	类别/比例
A4	资源环境	Y1	淮河流域河流生态状况的满意度	很不满意/25.06%；较不满意/22.94%；一般/38.65%；较满意/10.10%；满意/3.24%
		Y2	淮河流域生态系统的整体满意度	很不满意/2.24%；较不满意/10.22%；一般/25.19%；较满意/34.29%；满意/28.05%
		Y3	耕地面积（亩）	
		Y4	林地面积（亩）	
		Y6	耕地的满意度	很不满意/6.48%；较不满意/15.09%；一般/42.89%；较满意/28.18%；满意/7.36%
		Y7	林地的满意度	很不满意/13.34%；较不满意/21.57%；一般/39.90%；较满意/19.70%；满意/5.49%
		Y11	资源就业供给功能的满意度	很不满意/13.09%；较不满意/15.96%；一般/50.25%；较满意/15.59%；满意/5.11%
		Y12	资源收入供给功能的满意度	很不满意/9.98%；较不满意/16.96%；一般/49.38%；较满意/18.95%；满意/4.74%
		Y13	资源食物供给功能的满意度	很不满意/5.61%；较不满意/9.35%；一般/45.01%；较满意/26.18%；满意/13.84%
		Y14	地表水污染状况	严重/20.57%；较严重/39.90%；一般/28.55%；较轻/9.85%；无污染/1.12%
		Y15	地下水污染状况	严重/11.85%；较严重/20.95%；一般/46.38%；较轻/18.95%；无污染/1.87%
		Y16	水资源的满意度	很不满意/16.83%；较不满意/28.55%；一般/29.18%；较满意/19.20%；满意/6.23%
		Y17	农药化肥等对土壤及环境的影响	严重/21.45%；较严重/28.30%；一般/32.92%；较轻/15.46%；无影响/1.87%
A5	社会环境	Y20	医疗基础设施建设的满意度	很不满意/7.23%；较不满意/13.72%；一般/47.51%；较满意/22.19%；满意/9.35%
		Y21	教育基础设施建设的满意度	很不满意/9.98%；较不满意/19.58%；一般/38.90%；较满意/20.57%；满意/10.97%
		Y22	交通的满意度	很不满意/10.72%；较不满意/22.07%；一般/32.04%；较满意/25.31%；满意/9.85%
		Y23	政府政策的满意度	很不满意/5.74%；较不满意/13.59%；一般/43.39%；较满意/25.44%；满意/11.85%

现转好态势（乔旭宁等，2016），但与居民对生态环境的需求相比还有较大距离。流域水环境状况不好，淮河流域水污染的关键污染因子主要是 NH_3-N 和 COD（黄涛珍和宋胜帮，2013）。淮河流域 I～劣 V 类水都有，水质类别较多，具有较强的代表性。2010 年 1 月河南省开始实施水环境生态补偿政策，COD 和氨氮指标的监测结果与上年度同期相比，其浓度值都有下降，也有少数监测断面的浓度值变化不显著，或者略有增加，总体而言，淮河流域（河南段）的水环境质量有较大改善（于鲁冀等，2011）。

3. 基于主成分分析方法（PCA）的变量处理

调查问卷中，涉及家庭状况、资源环境变量的观测指标较多，指标间存在相关性，为清晰准确地分析家庭状况、资源环境变量对居民福祉的影响，运用 PCA 进行降维处理。

（1）家庭状况指标组降维处理

对各指标间的相关性及显著水平进行测算（见表 3-6），进而运用 PCA 抽取五个公因子，其累计方差贡献率为 68.12%，可较好地解释原始信息。从因子载荷系数（表 3-7）可知，住房距城镇距离（X12）、家庭总收入（X14）、外出打工收入（X16）、当前收入的满意度（X18）等指标对公因子一的载荷系数较大，根据指标内容及载荷系数的符号，将公因子一命名为收入状况（F1）；家庭关系的满意度（X19）、邻里关系的满意度（X20）对公因子二的载荷系数较大，将公因子二命名为家庭邻里关系和谐度（F2）；家庭人口（X10）、劳动力人数（X11）对公因子三的载荷系数较大，将公因子三命名为家庭人口结构（F3）；政府补贴收入（X15）、资源收入（X17）对公因子四的载荷系数较大，将公因子四命名为资源总收入（F4）；住房面积（X13）对公因子五的载荷系数较大，将公因子五命名为居住状况（F5）。

（2）资源环境指标组降维处理

对各指标间的相关性及显著水平进行测算（见表 3-8），运用 PCA 抽取五个公因子，经过七次迭代的正交旋转，其累计方差贡献率为 66.49%，可较好解释原始信息。从因子载荷系数（见表 3-9）可知，资源就业供给功能的满意度（Y11）、资源收入供给功能的满意度（Y12）、资源食物供给功

表3-6 家庭状况指标之间的相关性

指标	X10	X11	X12	X13	X14	X15	X16	X17	X18	X19	X20
X10	1	0.453**	-0.031	0.045	0.082*	0.112**	0.090*	0.010	0.041	0.011	0.068
X11	0.453**	1	-0.009	0.124**	0.184**	0.125**	0.146**	0.134**	0.085*	0.048	0.141**
X12	-0.031	-0.009	1	-0.045	-0.150**	-0.053	-0.132**	-0.041	-0.074*	-0.008	-0.048
X13	0.045	0.124**	-0.045	1	0.147**	0.033	0.100**	0.109**	0.020	-0.004	-0.045
X14	0.082*	0.184**	-0.150**	0.147**	1	0.128**	0.881**	0.336**	0.310**	-0.029	0.011
X15	0.112**	0.125**	-0.053	0.033	0.128**	1	-0.012	0.185**	0.128**	0.006	0.053
X16	0.090*	0.146**	-0.132**	0.100**	0.881**	-0.012	1	-0.024	0.240**	-0.018	0.000
X17	0.010	0.134**	-0.041	0.109**	0.336**	0.185**	-0.024	1	0.165**	-0.057	0.045
X18	0.041	0.085*	-0.074*	0.020	0.310**	0.128**	0.240**	0.165**	1	0.147**	0.186**
X19	0.011	0.048	-0.008	-0.004	-0.029	0.006	-0.018	-0.057	0.147**	1	0.545**
X20	0.068	0.141**	-0.048	-0.045	0.011	0.053	0.000	0.045	0.186**	0.545**	1

注：** 指在0.01水平（双侧）上显著相关；* 指在0.05水平（双侧）上显著相关。

表 3-7 家庭状况指标旋转后的因子载荷系数

指标	F1	F2	F3	F4	F5
X14	**0.879**	-0.309	-0.230	-0.048	-0.053
X16	**0.769**	-0.318	-0.313	-0.375	-0.075
X18	**0.511**	0.195	-0.259	0.223	-0.210
X12	**-0.251**	0.033	0.140	-0.045	-0.199
X19	0.215	**0.809**	-0.213	-0.008	0.059
X20	0.119	**0.786**	-0.309	-0.085	0.162
X10	0.326	0.205	**0.673**	-0.350	-0.143
X11	0.460	0.236	**0.625**	-0.224	-0.002
X17	0.383	-0.049	0.152	**0.690**	0.065
X15	0.272	0.117	0.297	**0.555**	-0.252
X13	0.252	-0.121	0.186	0.076	**0.874**

能的满意度（Y13）对公因子一的载荷系数较大，根据指标含义及载荷系数的符号，将公因子一命名为资源供给满意度（R1）；地表水污染状况（Y14）、地下水污染状况（Y15）、水资源的满意度（Y16）、农药化肥等对土壤及环境的影响（Y17）对公因子二的载荷系数较大，根据指标的含义及载荷系数的符号，将公因子二命名为资源环境安全（R2）；淮河流域河流生态状况的满意度（Y1）、淮河流域生态系统的整体满意度（Y2）对公因子三的载荷系数较大，将公因子三命名为流域生态系统状况（R3）；耕地的满意度（Y6）、林地的满意度（Y7）对公因子四的载荷系数较大，将公因子四命名为资源满意度（R4）；耕地面积（Y3）、林地面积（Y4）对公因子五的载荷系数较大，将公因子五命名为资源丰富度（R5）。

（二）SEM 模型适宜性评价

与一般的模型只能给出单个方程的结果评价相比，结构方程模型能够得到反映整个模型拟合好坏的统计量。在评价模型的适宜性时，卡方自由度比（x^2/df）越小，模型测算值与实际值越接近；近似均方根误差的估计值 RMSEA<0.05，表示模型适配良好，RMSEA 值在 0.05~0.08，表示模型适配合理；适配度指数（GFI）、调整后适配度指数（AGFI）大于 0.90，

表3-8 资源环境指标之间的相关性

指标	Y1	Y2	Y3	Y4	Y6	Y7	Y11	Y12	Y13	Y14	Y15	Y16	Y17
Y1	1	0.602**	0.013	0.019	0.213**	0.195**	0.198**	0.179**	0.029	0.433**	0.220**	0.291**	0.217**
Y2	0.602**	1	-0.016	-0.024	0.244**	0.262**	0.216**	0.199**	0.079*	0.385**	0.223**	0.298**	0.216**
Y3	0.013	-0.016	1	0.163**	0.078*	0.002	-0.060	-0.036	0.006	0.046	-0.043	0.031	0.023
Y4	0.019	-0.024	0.163**	1	-0.006	0.034	-0.044	0.057	-0.013	0.034	0.038	0.078*	0.021
Y6	0.213**	0.244**	0.078*	-0.006	1	0.435**	0.359**	0.364**	0.352**	0.174**	0.111**	0.110**	0.174**
Y7	0.195**	0.262**	0.002	0.034	0.435**	1	0.267**	0.299**	0.218**	0.240**	0.162**	0.165**	0.169**
Y11	0.198**	0.216**	-0.060	-0.044	0.359**	0.267**	1	0.651**	0.393**	0.209**	0.118**	0.165**	0.040
Y12	0.179**	0.199**	-0.036	0.057	0.364**	0.299**	0.651**	1	0.549**	0.237**	0.168**	0.194**	0.047
Y13	0.029	0.079*	0.006	-0.013	0.352**	0.218**	0.393**	0.549**	1	0.059	0.161**	0.145**	0.141**
Y14	0.433**	0.385**	0.046	0.034	0.174**	0.240**	0.209**	0.237**	0.059	1	0.388**	0.416**	0.362**
Y15	0.220**	0.223**	-0.043	0.038	0.111**	0.162**	0.118**	0.168**	0.161**	0.388**	1	0.482**	0.249**
Y16	0.291**	0.298**	0.031	0.078*	0.110**	0.186**	0.165**	0.194**	0.145**	0.416**	0.482**	1	0.369**
Y17	0.217**	0.216**	0.023	0.021	0.174**	0.169**	0.040	0.047	0.141**	0.362**	0.249**	0.369**	1

注：** 指在0.01水平（双侧）上显著相关；* 指在0.05水平（双侧）上显著相关。

表 3-9　资源环境指标旋转后的因子载荷系数

指标	R1	R2	R3	R4	R5
Y12	**0.870**	0.094	0.128	0.130	0.044
Y11	**0.794**	0.010	0.217	0.127	-0.072
Y13	**0.686**	0.178	-0.209	0.304	-0.015
Y16	0.128	**0.770**	0.196	0.009	0.079
Y15	0.164	**0.760**	0.099	-0.069	-0.029
Y17	-0.158	**0.648**	0.033	0.417	-0.036
Y14	0.085	**0.555**	0.491	0.116	0.056
Y1	0.057	0.170	**0.848**	0.093	0.024
Y2	0.086	0.158	**0.813**	0.175	-0.053
Y6	0.346	0.000	0.147	**0.735**	0.036
Y7	0.224	0.112	0.194	**0.655**	0.007
Y4	0.111	0.085	0.017	-0.210	**0.801**
Y3	-0.164	-0.050	-0.029	0.304	**0.713**

表示模型具有良好的适配度（Seng et al., 2010）。经测算，除卡方自由度比之外的指标均达到判断标准（见表 3-10），作为重要检验指标的卡方自由度比为 3.02，略大于理想边界值 3 但远小于宽松边界值 5，这主要是由于卡方检验最适用的样本数为 100~200，当样本数较大时，往往造成卡方值变大（吴明隆，2009）。因此，适配度检验除了卡方统计量外还需同时参考其他指标（荣泰生，2009）。"RMSEA 值通常被视为最重要的适配指标信息"（吴明隆，2009）。本研究的样本数量远大于最适用的 100 个，这很大程度上造成了卡方值和卡方自由度比偏大，因而不能仅仅根据这两个指标不甚理想而判断模型适配不佳（劳可夫，2012）。

因此，测量模型和结构模型适配度合理，即从个人特征、家庭状况、资源环境和社会环境这四个方面选取指标分析居民福祉的影响因素具有可行性。

表 3-10　模型评价指标结果

	χ^2/df	GFI	AGFI	RMSEA
结果	3.016	0.942	0.927	0.050
判断标准	<3.00（5.00）	>0.90	>0.90	<0.08

（三）流域居民福祉影响因素间交互作用与路径效应

个人特征、家庭状况、资源环境、社会环境等潜变量均对福祉产生正向直接影响，影响效果从高到低依次为社会环境（0.513）、个人特征（0.456）、资源环境（0.244）、家庭状况（0.191）（见图3-1、表3-11）。

个人特征、家庭状况通过资源环境、社会环境因素对福祉产生间接影响，其中个人特征的间接效果为负（-0.113），家庭状况的间接效果为正（见表3-12）。

个人特征对社会环境产生了负面影响（-0.172），对资源环境也有一定的负面影响（-0.102）。

（四）基于SEM的福祉影响因素关系分析

1. 社会环境对居民福祉的影响

社会环境对居民福祉的直接影响最大，成为影响福祉的主要因素。根据收入与经济发展阶段关系曲线，居民更加关注医疗、教育、交通等公共服务的水平以及政府政策等社会环境要素对福祉的作用。

以社会环境为潜变量，4个指标作为其观测变量，除医疗基础设施建设的满意度外，其他3个观测变量通过显著性检验（见表3-11）。医疗基础设施建设的满意度、教育基础设施建设的满意度、交通的满意度、政府政策的满意度均对居民福祉有积极影响，总体表现为教育>医疗>政策>交通。

2. 个人特征对流域居民福祉的影响

个人特征与居民福祉呈正相关关系（0.456），但其对资源环境、社会环境的影响为负。这表明流域居民在追求个人福祉的过程中可能以牺牲资源环境为代价，还可能对社会环境产生负面影响。

个人特征作为潜变量，包含了性别、年龄、受教育程度、健康状况、健康的满意度及职业等6个观测变量，其中5个通过显著性检验（见表3-11）。年龄、受教育程度对个人特征的影响程度较高，标准化系数在极显著水平下分别达到0.866和0.750，其中年龄的影响方向为负。健康状况、健康的满意度及性别也对个人特征产生了显著影响，标准化系数分别为0.419、0.175和0.128。表明流域居民受教育程度越高，从个人特征维度来

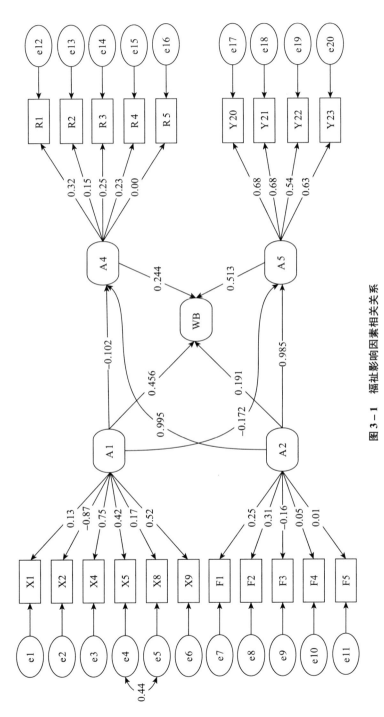

图 3 - 1　福祉影响因素相关关系

注：CMIN=503.612(p=0.000);DF=167;GFI=0.942;AGFI=0.927;RMSEA=0.050。

101

看福祉水平越高；年龄与健康水平对个人福祉的影响极为明显，年龄增长，身体健康状况下滑，健康的满意度降低，对福祉会产生消极影响。性别对个人特征产生了正向直接影响，根据虚拟变量设置（1 代表男性，2 代表女性），女性的福祉感受程度要高于男性。职业对个人特征的影响的标准化系数达到了 0.516，但未通过显著性检验，可以初步认为流域居民如果有更多机会从事非农业工作，可能获得高收入，其福祉水平相对较高，但这一结论存在不确定性。

表 3-11 SEM 回归结果

路径	影响方向	标准化系数	标准误差	临界比值	显著性
A1→WB	+	0.456	—	—	—
A2→WB	+	0.191	—	—	—
A4→WB	+	0.244	—	—	—
A5→WB	+	0.513	—	—	—
A1→A4	−	0.102	0.046	−1.183	不显著
A1→A5	−	0.172 ***	0.051	−3.824	显著
A2→A4	+	0.995 ***	0.252	5.027	显著
A2→A5	+	0.985 ***	0.433	6.096	显著
A1←X1	+	0.128 **	0.031	3.216	显著
A1←X2	−	0.866 ***	1.609	−12.732	显著
A1←X4	+	0.750 ***	0.14	13.334	显著
A1←X5	+	0.419 ***	0.075	9.351	显著
A1←X8	+	0.175 ***	0.069	4.372	显著
A1←X9	+	0.516	—	—	—
A2←F1	+	0.253	—	—	—
A2←F2	+	0.312 ***	0.251	4.918	显著
A2←F3	−	0.160 ***	0.189	−3.335	显著
A2←F4	+	0.047	0.166	1.115	不显著
A2←F5	+	0.012	0.161	0.287	不显著
A4←R1	+	0.322	—	—	—
A4←R2	+	0.153 ***	0.143	3.332	显著
A4←R3	+	0.249 ***	0.159	4.858	显著

路径	影响方向	标准化系数	标准误差	临界比值	显著性
A4←R4	+	0.229***	0.153	4.662	显著
A4←R5	+	0.004	0.127	0.086	不显著
A5←Y20	+	0.676	—	—	—
A5←Y21	+	0.685***	0.075	15.02	显著
A5←Y22	+	0.541***	0.077	11.807	显著
A5←Y23	+	0.630***	0.072	13.188	显著

注：*、**、***分别表示 $p<0.05$、$p<0.01$、$p<0.001$。临界比值=参数估计值/估计值标准误，若该比值绝对值>1.96，则参数估计值达到 0.05 显著性水平；临界比值绝对值>2.58，则参数估计值达到 0.01 显著性水平。

3. 家庭状况通过资源环境和社会环境对福祉产生间接影响

家庭状况对此二者的影响为正。家是中国社会结构的原点所在，是中国人的精神寄托和心灵归宿，家庭具有在个人发展和社会进步中的纽带作用，因此，家庭作为一个重要的社会单元是居民进行社会经济活动的重要支撑，对于资源环境和社会环境都产生了正向的影响，对于居民福祉的提升有巨大的助推作用。

家庭状况作为潜变量，包含了 11 个指标。运用主成分分析提取出 5 个公因子作为观测变量，除收入状况、资源总收入、居住状况之外都通过显著性检验。从家庭状况 5 个观测变量的标准化载荷值可知，家庭邻里关系和谐度、收入状况、家庭人口结构对家庭状况的影响程度较高，标准化系数分别达到了 0.312、0.253 和 0.160，其中家庭人口结构的影响方向为负。家庭邻里关系和谐度包含家庭关系的满意度和邻里关系的满意度，是家庭状况的决定性因素，良好的家庭邻里关系能够给居民带来精神或物质上的帮助，从而影响福祉。收入状况包含家庭总收入、外出打工收入、当前收入的满意度、住房距城镇距离。住房距城镇近可从生产机会和消费便利度两方面增强居民福祉：一方面，可以有更多的机会从事非农生产活动，对收入有较大提升作用；另一方面，能够便利地获取日常生产生活所需的物质资料，从而增强居民福祉。另外，住房距城镇距离远近与居民收入水平密切相关，根据调查样本进行测算发现住房距城镇距离（自变量 x）与居民收入（因变量 y）间关系密切，住房距城镇距离越远，居民收入水平越低（$y = 5.4559x^{-0.15}$，$R^2 = 0.3268$）。收入水平越高，居民收入满意度越高，居民的基本福祉水平越高。家庭人口结构包含家庭人口和劳动力人数，在极显著水平下，标准化系数为 -0.160，人口结构不合理时，比如人口总数多，劳动力人数少，赡养和负担系数高，居民整体负担重，影响居民福祉水平。另外，资源总收入与居住状况对家庭状况的影响不显著。

4. 资源环境潜变量与观测变量的关系

资源环境作为潜变量，包含 13 个指标，运用主成分分析提取出 5 个公因子作为其观测变量，除资源丰富度之外都通过显著性检验。从 5 个观测变量的标准化载荷值可知，流域生态系统状况（0.249）、资源满意度（0.229）、资源环境安全（0.153）对资源环境潜变量的影响显著。流域居民对流域生态系统的资源供给能力，如资源就业供给功能、资源收入供给功能及资源食物供给功能最关注，表明居民更关注生态系统的供给功能，对于调节功能、支撑功能及文化功能的关注度相对较低。对流域生态系统状况及资源环境安全，如流域生态系统、水资源、地下水污染、农药化肥等对土壤的污染及地表水污染状况也较关注，但程度要低于资源供给能力。这与流域经济水平整体较低有一定关系。该区域有 33 个国家级贫困县，居民需要从生态系统中直接获取一定数量的物质资料和产品来满足生计需求，居民福祉有相当一部分来自生态系统的食物生产功能，资源供给功能尤其是食物供给功能越强，满意度越高，从而获得较高的福祉水平。淮河流域生态系统状况、资源环境安全对福祉产生显著积极影响。地表水污染状况越少，地下水污染状况越少，水资源的满意度越高，农药化肥等对土壤环境的影响越小，居民的生活安全越能得到保障，从而可以获得较高的福祉；对河流生态状况的满意度越高，对生态系统的整体满意度越高，居民对生活的环境越加满意，从而提高福祉。

表 3-12 福祉路径分析各项效果值

路径	直接效果	间接效果	总效果值
A1→WB	0.456	-0.113	0.343
A2→WB	0.191	0.748	0.939
A4→WB	0.244	—	0.244
A5→WB	0.513	—	0.513

三 本节小结

(一) 淮河流域居民福祉的主要影响因素是家庭状况和社会环境

淮河流域居民福祉的主要影响因素是家庭状况和社会环境。家庭状况对居民福祉的直接作用不强，主要是通过资源环境与社会环境因子来间接影响福祉水平；而社会环境则对流域居民福祉产生直接影响，流域居民更为关注教育、医疗、政策及交通等社会软环境，这些成为影响居民福祉的最直接因素。家庭因素中，流域居民更关注家庭邻里关系和谐度、收入状况及家庭人口结构，上述因素对居民福祉产生了显著影响。

(二) 流域生态环境与资源状况对居民福祉产生了较大影响

流域生态环境与资源状况对居民福祉也产生了较大影响，但生态系统的形成与演化具有长期性，使得居民对其感知度相对较低。流域居民对生态环境建设及生态系统重要性的认知度尚不高。

(三) 个人因素对流域居民福祉的直接影响效果非常突出

个人因素对流域居民福祉的直接影响效果非常突出，仅低于社会环境因素，但个人因素对福祉的间接效果为负，流域居民对资源环境和社会环境均产生了负面作用，降低了个人因素对居民福祉的总贡献。

(四) 流域居民福祉呈现不平衡性及不充分性特征

研究结论从福利经济学视角验证了"我国社会主要矛盾已经转化为人民日益增长的美好生活需要和不平衡不充分的发展之间的矛盾"。福祉水平是流域居民幸福感的重要标识，是对美好生活需要的重要表征。从河南省淮河流域的福祉要素分析可以看出，不平衡主要体现在流域行政单元的经济发展水平、生态环境状况、社会环境状况发展层次存在差异性，不充分表现为虽然国家在流域基本公共服务方面连续多年的巨大投入明显改善了公共服务供给，但流域农户在调查问卷中表现出对医疗、教育、交通等政策的满意度还不高，总体上低于38%。流域居民福祉的构成由对生态系统有较强依赖的基本需求，上升到了安全和健康需求，更加关注软环境的建设。

第四节　流域居民福祉影响因素空间差异

一　普通最小二乘法（OLS）模型

（一）OLS模型的数学原理

普通最小二乘法（Ordinary Least Square method，OLS）广泛应用于回归分析，是建立空间回归模型的基础，需要建立一个要预测的因变量和一组解释变量之间关系的线性回归全局模型。其模型如下：

$$y_i = \beta_0 + \sum_k \beta_k x_{ik} + \varepsilon (i = 1,2,\cdots,n) \tag{3-13}$$

式中，y_i 为因变量，在本节中为河南省淮河流域居民福祉（简称福祉）；β_0 为回归截距，表示除解释变量之外引起福祉发生变化的其他影响因素的常量之和，即所有解释变量均为0时福祉（因变量）的预期值；x_{ik} 表示福祉影响因素（即解释变量）；β_k 表示第 k 个福祉影响因素对福祉的回归系数，每一个解释变量对应一个回归系数，该系数可以反映出每个解释变量与因变量关系的强度和该解释变量与其他解释变量之间关系的类型；ε 表示随机变量，是因变量无法解释的部分。从式（3-13）中，我们可以得知，该模型仅对福祉影响因素和福祉之间的关系进行描述，而未考虑到福祉数据的空间地理位置以及其所在研究区的某个局部特征，是全局模型而非局部模型，最小二乘法的弊端由此显现。

（二）OLS模型的可信度分析

OLS回归模型需要做可信度分析，因为其可能出现解释变量无法解释因变量、共线性和残差不随机等问题。

（1）检验模型的拟合度

模型拟合度是指回归模型对因变量的估计值和原值的拟合程度。R^2 和校正 R^2 是从回归模型得到的指标，其中校正 R^2 是根据模型的实际状况而校正得出的，可以更为准确地确定模型的拟合度。R^2 值在 0~1 范围内，R^2 值越大，模型的拟合程度越高，校正 R^2 亦是如此；并且通常情况下校正 R^2 值低于 R^2 值，因为校正 R^2 值与原始数据有一定程度的关系，其能更好地反映模型的特性和内在结构的复杂性。

（2）解释变量的多重共线性检验

方差膨胀因子（Variance Inflation Factor，VIF）是解释变量之间存在多重共线性时的方差与不存在多重共线性时的方差之比，用来描述解释变量之间的冗余程度。多重共线性检验就是确定几个解释变量之间是否存在线性关系，即是否解释同一事件。需要注意的是，若 VIF 值大于 7.5，则解释变量存在较强的多重共线性，说明描述事件的变量有重复，这时需要删去冗余变量，再进行计算。

（3）显著性检验

①解释变量的显著性检验。OLS 模型可以对每个解释变量对应的回归系数（Coefficient）进行统计检验，计算概率值（p 值）或稳健概率值（Robust-p 值）。当 p 值或稳健概率值很小时，解释变量的回归系数不为零，故而对因变量有很大程度的影响；当解释变量的回归系数接近零时，该解释变量对因变量无影响，故选择删去该解释变量。

②空间非平稳性的显著性检验。Koenker 的标准化 Breusch-Pagan 统计量是确定回归模型的空间非平稳性是否具有统计显著性，具体来说，是确定解释变量在地理空间和数据空间是否都与因变量具有一致的关系，其零假设是回归模型在空间上呈现稳态。Breusch-Pagan 统计量用来检验模型的异方差。Breusch-Pagan 统计量的统计原理是：若所有解释变量前的系数不全为 0，则模型存在异方差，能构造 F 统计量。从地理空间来看，若回归模型与地理空间一致，则解释变量在研究区各位置的影响一致；从数据空间来看，若回归模型与数据空间一致，则解释变量与因变量的关系变化将不会

随着解释变量值变化而变化，即模型不存在异方差性。其判断标准是：当置信区间为95%时，p值小于0.05表示该回归模型具有显著方差性或非稳态。若该检验结果具有显著性，则需参考Robust-p值和RobustSE检验解释变量的空间非平稳性。值得注意的是，地理加权回归（GWR）可以分析具有统计显著性非稳态的回归模型。

③模型的显著性检验。利用联合F统计量（Joint F-Statistic）和联合卡方统计量（Chi-squared Statistic）来检验回归模型的整体显著性，这两种统计量的零假设均是解释变量不对因变量起影响作用。其判断标准是：当置信区间为95%时，p值小于0.05表示该回归模型具有整体显著性。在通过OLS模型进行显著性检验时，只有Koenker统计量不具有显著性，联合F统计量才具有可信度；若Koenker统计量具有显著性，应参考联合卡方统计量。

（4）残差的随机性检验

Jarque-Bera统计量用于检验模型的残差是否符合正态分布。该统计量的零假设为残差为正态分布，即图像为钟形曲线。若残差的p值较小，则表示回归模型未呈正态分布，有一定的偏差。此时用Global Moran's I指数来检验残差在空间上是否随机分布，如果残差在统计学上显著聚类，可能是因为模型中缺失了某个重要的解释变量，这就表明OLS模型得出的结果可信度低。

（5）AIC检验

AIC（Akaike's Information Criterion）值是用来衡量统计模型的拟合度以及OLS回归模型的复杂度和模型拟合的程度。其判断标准：AIC值越小，OLS模型越符合研究区的数据样本点。

二 基于OLS模型河南省淮河流域居民福祉影响因素分析

（一）居民福祉OLS模型的构建与结果分析

首先选取粮食产量、农林牧渔增加值、从业人员数、人均生产总值、一般公共支出、农村居民最低保障人数和受教育程度7个指标，得出结果见表3-13和表3-14，发现从业人员数的VIF值远大于7.5，说明参与计算的数据有冗余，故剔除从业人员数这一指标。

表 3-13　OLS 结果汇总（一）

变量	系数	标准差	t 统计量	概率	VIF
截距	0.000448	0.025129	0.017817	0.985845	—
人均生产总值	0.308094	0.075536	4.078798	0.000142*	7.330471
农林牧渔增加值	0.507918	0.092364	5.499092	0.000001*	5.590534
从业人员数	0.183521	0.170959	1.073475	0.287502	20.590569
粮食产量	0.368855	0.102376	3.602954	0.000657*	8.086741
一般公共支出	0.678358	0.105452	6.432845	0.000000*	6.912852
农村居民最低保障人数	0.391114	0.083290	4.695824	0.000017*	6.354053
受教育程度	0.310398	0.074019	4.193459	0.000097*	4.226253

表 3-14　OLS 结果汇总（二）

	R^2	校正 R^2	联合 F 统计量	联合卡方统计量	Koenker（BP）统计量	Jarque-Bera 统计量
数值	0.945063	0.940198	641.198706	44575.603382	21.261582	47.096459
自由度			0.000000*	0.000000*	0.003402*	0.000000*

对选取的变量进行修正，选取人均生产总值、农林牧渔增加值、粮食产量、一般公共支出、农村居民最低保障人数和受教育程度 6 个指标建立 OLS 回归模型。运用 ArcGIS 的 Toolbox 中的"普通最小二乘法"工具，对河南省淮河流域居民福祉及其影响因素之间的线性关系进行建模，其计算结果见表 3-15 和表 3-16。

表 3-15　修正后的 OLS 结果汇总（一）

变量	系数	标准差	t 统计量	概率	VIF
截距	0.000501	0.025162	0.019926	0.985168	—
人均生产总值	0.310195	0.075608	4.102702	0.000129*	7.325549
农林牧渔增加值	0.519368	0.091864	5.653644	0.000001*	5.515974
粮食产量	0.422463	0.089485	4.721054	0.000016*	6.162528
一般公共支出	0.764293	0.068730	11.120222	0.000000*	2.928995
农村居民最低保障人数	0.436530	0.071837	6.073376	0.000000*	4.714589
受教育程度	0.308562	0.074095	4.164339	0.000105*	4.223997

表 3-16   修正后的 OLS 结果汇总（二）

	R^2	校正 R^2	联合 F 统计量	联合卡方 统计量	Koenker（BP） 统计量	Jarque-Bera 统计量
数值	0.963210	0.959938	745.946923	36831.451385	14.112886	31.082124
自由度			0.000000*	0.000000*	0.028400*	0.000000*

根据表 3-15 分析结果可以得出河南省淮河流域居民福祉综合指数的线性回归模型表达式为：

居民福祉综合指数 = 0.000501 + 0.310195×人均生产总值 + 0.519368×

农林牧渔增加值 + 0.422463×粮食产量 + 0.764293×一般公共支出 +

0.436530×农村居民最低保障人数 + 0.308562×受教育程度

从以上 OLS 模型解释变量的回归系数和其相应的显著性检验，得出河南省淮河流域居民福祉综合指数与其影响因素的关系为：所有的影响因素（解释变量）的回归系数为正，故都与居民福祉综合指数呈正相关。其中一般公共支出的回归系数最大，为 0.764293，并且 p 值 < 0.05，说明一般公共支出和居民福祉综合指数显著正相关，即一般公共支出越高，居民福祉综合指数越高；人均生产总值、农林牧渔增加值、粮食产量、农村居民最低保障人数和受教育程度回归系数均为正值，且 p 值均小于 0.05，故与居民福祉综合指数呈正相关。

（二）居民福祉 OLS 模型可信度分析

（1）模型拟合度检验

由表 3-16 的 OLS 回归模型分析结果可以得知：R^2 值为 0.963210，校正 R^2 值为 0.959938，说明该模型能够解释 96% 的因变量变化，该模型能够较好地拟合河南省淮河流域居民福祉综合指数。

（2）共线性检验

由表 3-15 的 OLS 回归模型分析结果可知：人均生产总值、农林牧渔增加值、粮食产量、一般公共支出、农村居民最低保障人数和受教育程度对应的 VIF 值分别为 7.3255、5.5160、6.1625、2.9290、4.7146 和 4.2240，说明解释变量之间存在一定的线性关系，但是 VIF 值均小于 7.5，说明影响因素之间的相关关系并不显著。

（3）稳态显著性检验

Koenker（BP）统计量值为 14.1129，p 值 0.0284<0.05，说明该 OLS 模型具有统计学上的非平稳性，即居民福祉综合指数（因变量）和各影响因素（解释变量）之间存在空间非平稳性。空间平稳性是 OLS 回归模型的前提，因此空间非平稳性降低了 OLS 模型的拟合度，但是这种具有统计显著性非稳态的回归模型适合地理加权回归分析。

（4）模型显著性检验

联合 F 统计量值为 745.9469，p 值为 0，但是只有在 Koenker 统计量不具有显著性时，联合 F 统计量才可信；而表 3-16 显示 Koenker 统计量具有显著性，故要选择参考联合卡方统计量。联合卡方统计量值为 36831.4514，p 值为 0，说明 OLS 模型的解释变量和因变量的线性关系是非常显著的。

（5）模型残差评估

Jarque-Bera 统计量值为 31.0821，p 值为 0，说明 OLS 回归模型的残差不呈正态分布，进而说明该模型具有一定的偏差。此时用 Moran's I 指数来检验残差的空间自相关性，见图 3-2。Moran's I 指数为 -0.0885，Z 得分为 -0.9467，p 值为 0.3438，表明 OLS 回归模型的残差是随机分布的，而不是显著聚类。但由于 OLS 模型不能反映影响因素的空间性，故地理加权回归是更好的选择。

综上所述，利用普通最小二乘法（OLS）对河南省淮河流域居民福祉影响因素进行分析，其可信度检验说明 OLS 具有一定的局限性，从稳态显著性检验可知，解释变量在空间上呈非平稳性。因此，要选择能够处理空间非平稳性的地理加权回归模型，进而分析河南省淮河流域居民福祉及其解释变量的空间异质性。

三　地理加权回归（GWR）模型

（一）GWR 地理加权回归模型的数学原理

OLS 回归模型仅对全局参数进行估计，而不是对局部参数进行估计，并且无法反映解释变量在地理空间上的非平稳性。而地理加权回归模型（Geo-

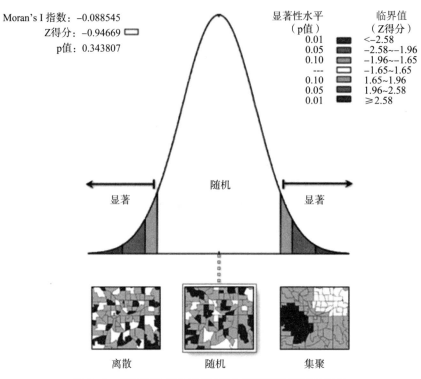

图 3-2　居民福祉综合指数 OLS 模型残差空间自相关

graphical Weighted Regression，GWR）扩展了 OLS 全局回归模型，引入数据的地理位置，并且允许自变量系数存在空间分异，有效地探究空间非平稳性特征，反映了各个解释变量的局部特征，被认为是一种解决空间非平稳性和空间依赖问题的有效方法。GWR 模型特点：能够纳入数据的空间特性，为每个解释变量建立独立的回归方程，有效地反映数据的特征。

GWR 模型的公式为：

$$y_i = \beta_0(u_i, v_i) + \sum_k \beta_k(u_i, v_i) x_{ik} + \varepsilon_i (i = 1, 2, \cdots, n) \tag{3-14}$$

式中，n 为样本数，k 为解释变量个数，y_i 为因变量；$\beta_0(u_i, v_i)$ 为第 i 个样本点的截距；(u_i, v_i) 为第 i 个样本点的地理坐标（即经纬度）；$\beta_k(u_i, v_i)$ 表示第 i 个样本点的第 k 个解释变量的回归系；x_{ik} 表示第 i 个样本点的第 k 个解释变量；ε_i 表示第 i 个样本点的残差，假设其服从正态分布。若解释变量为平均值，则$\beta_1(u_i,v_i)=\beta_2(u_i,v_i)=\cdots=\beta_n(u_i,v_i)$，这时 GWR 模型变为 OLS 模型。由此可以得知，利用 GWR 模型进行线性回归的前提是空间呈非平稳性，并且具有统计显著性非稳态的 OLS 回归模型适合利用地理加权回归分析。

GWR 计算公式可以用矩阵形式表示为：

$$Y = \beta \times X + \varepsilon \tag{3-15}$$

第 i 个样本点的回归系数的估计值 $\hat{\beta}(u_i,v_i)$ 的矩阵形式为：

$$\hat{\beta}(u_i,v_i) = \left[X^T W(u_i,v_i) X\right]^{-1} X^T W(u_i,v_i) Y \tag{3-16}$$

式中，$W(u_i,v_i)$ 是 $n \times n$ 的加权矩阵，X 是数据样本点 i 的 k 个解释变量组成的矩阵，Y 为数据样本点 i 的因变量组成的向量。

（二）基于 GWR 的淮河流域居民福祉空间差异分析

（1）空间权重函数的选取

在进行地理加权回归分析时，选择合适的空间权重函数是关键，因为它决定了在估计 GWR 模型参数时，不同数据样本点对特定样本点的影响程度。在空间分析中，权重函数假设在一定范围内距离数据样本点 i 较近的观测值对数据样本点 i 的参数估计影响较大，远离数据样本点 i 的观测值的影响则较小。因此，在估计数据样本点时，更多关注离 i 较近的地区，优先考虑较近观测值的影响。通常选择高斯函数作为空间权重函数，其形式如下：

$$W_{ij} = \exp(-bd_{ij}^2) \tag{3-17}$$

其中，d_{ij} 是数据样本点 i 和位置 j 中心的距离，b 是带宽，W_{ij} 是关于 d_{ij} 的单调递减函数；当 $d_{ij}=0$ 时，$W_{ij}=1$。

（2）带宽 b 的确定

GWR 模型的带宽 b 按空间权重函数分为两种：固定核类型（FIXED）和自适应核类型（ADAPTIVE）。固定核类型的空间权重函数所采用的带宽 b 一致，回归点的影响范围也是一样的。自适应核类型的空间权重函数则对不同的回归点采取不同的带宽 b。在研究淮河流域居民福祉时，应当根据样本点在研究区范围内的疏密程度选择带宽 b 的类型。如果样本点在研究区分布均匀，则可采用固定核类型或自适应核类型；若样本点在研究区分布不均匀，则只能用自适应核类型。另外，在样本点分布密集的地区采用较小的带宽 b，在样本点分布稀疏的地区采用较大的带宽 b。

（3）空间自相关分析

根据空间统计学的方法，采用 Moran's I 指数这一空间统计量检验因变量是否存在空间自相关性。Moran's I 定义如下：

$$I = \frac{\sum_{i=1}^{n} \sum_{j=1}^{n} W_{ij}(Y_i - Y)(Y_j - Y)}{S^2 \sum_{i=1}^{n} \sum_{j=1}^{n} W_{ij}} \tag{3-18}$$

其中，$S = \frac{1}{n} \sum_{i=1}^{n} (Y_i - Y)$，$Y = \frac{1}{n} \sum_{i=1}^{n} Y_i$，$n$ 为地区总数，W_{ij} 为空间权重矩阵，一般邻接的标准为 $W_{ij} = \begin{cases} 1, & \text{当区域 } i \text{ 和区域 } j \text{ 相邻} \\ 0, & \text{当区域 } i \text{ 和区域 } j \text{ 不相邻} \end{cases}$ （$i = 1, 2, \cdots, n$；$j = 1, 2, \cdots, n$）。

Moran's I 为各地区居民福祉综合指数观测值在空间上的关联度，其取值范围为 [-1, 1]。

（4）GWR 模型检验

残差平方和（Residual Square）：GWR 模型的残差平方和的值越小，则越拟合观测数据。

有效数量（Effective Number）：回归系数的有效数量与选择的带宽 b 有关，有效数量是对拟合值方差与回归系数估计值偏差的折中。当选取较大的带宽 b 时，回归系数的有效数量与实际数量接近，局部回归系数的估计值将有较小的方差，但也有较大的偏差；当选取较小的带宽 b 时，回归系数的有效数量等于实际数量，局部回归系数的估计值将有较大方差，但偏差较小。

Sigma：是残差的标准差，具体指标准化剩余平方和的平方根，该统计量越小越好。

AICc：是对模型拟合度的度量，但不是绝对度量。当用不同解释变量描述因变量时，AICc 值非常有效；AICc 值越小，说明 GWR 模型越能拟合所观测的数据；尤其是当两个模型的 AICc 值相差大于 3 时，AICc 值较低的模型为更好的模型。

R^2 与校正 R^2：都是对模型拟合度的度量，校正 R^2 值通常小于 R^2 值，都在 0 和 1 之间。R^2 与校正 R^2 值越大，则说明 GWR 模型对观测值的拟合程度越高。

四　基于 GWR 模型河南省淮河流域居民福祉影响因素分析

地理加权回归是对普通最小二乘法的扩展，GWR 模型加入地理空间坐标，对每一个居民福祉综合指数及其解释变量建立相对独立的回归方程，最终计算出每个地方的居民福祉对应各解释变量的回归系数。

（一）居民福祉 GWR 模型的构建与结果分析

GWR 模型选用的解释变量沿用 OLS 回归模型的解释变量，即选取粮食产量、农林牧渔增加值、人均生产总值、一般公共支出、农村居民最低保障人数和受教育程度 6 个指标放入模型。

确定因变量和解释变量后，进而需要确定空间核类型和带宽方法。空间核类型即空间权重函数，本节 GWR 模型的空间权重是使用高斯函数计算的。由于居民福祉的空间分布不均匀，因此采用自适应核类型：在福祉样本点数据较密的区域用较小的带宽 b 计算，在较疏的区域用较大的带宽 b 进行计算。

带宽确定方式包括 AICc、CV 和 BANDWIDTH PARAMETER，本研究选用 AICc 方案，使用最小的 AICc 值确定的范围。

河南省淮河流域居民福祉综合指数 GWR 模型的表达式为：

$$y_i = \beta_0(u_i, v_i) + \sum_{i=1}^{k}(粮食产量)(u_i,v_i)x_{ij} + \sum_{i=1}^{k}(农林牧渔增加值)(u_i,v_i)x_{ij} +$$

$$\sum_{i=1}^{k}(人均生产总值)(u_i,v_i)x_{ij} + \sum_{i=1}^{k}(农村居民最低保障人数)(u_i,v_i)x_{ij} +$$

$$\sum_{i=1}^{k}(一般公共支出)(u_i,v_i)x_{ij} + \sum_{i=1}^{k}(受教育程度)(u_i,v_i)x_{ij} + \varepsilon \quad (3\text{-}19)$$

（二）居民福祉 GWR 模型结果分析

经过 GWR 模型计算，可以得知每个样本点居民福祉的解释变量都有相应的回归系数，本节研究的是 57 个县级市、县的模型，分别设定 6 个解释变量，一共有 57 组解释变量（见表 3-17）。

表 3-17　GWR 回归模型各参数的回归系数

序号	县级市、县	截距	人均生产总值	农林牧渔增加值	粮食产量	一般公共支出	农村居民最低保障人数	受教育程度
1	商城县	0.000500808	0.308692	0.521232	0.422028	0.764373	0.435408	0.310500
2	新县	0.000503927	0.308555	0.521322	0.421743	0.764298	0.435576	0.310758
3	光山县	0.000503463	0.308785	0.520986	0.421906	0.764289	0.435693	0.310460
4	罗山县	0.000505529	0.308822	0.520849	0.421790	0.764227	0.435890	0.310473
5	固始县	0.000498233	0.309009	0.520843	0.422381	0.764416	0.435410	0.310033
6	潢川县	0.000501306	0.308960	0.520800	0.422149	0.764334	0.435632	0.310181
7	息县	0.000502425	0.309152	0.520460	0.422185	0.764283	0.435856	0.309974
8	淮滨县	0.000499821	0.309216	0.520462	0.422394	0.764351	0.435683	0.309820
9	桐柏县	0.000510228	0.309110	0.520225	0.421640	0.764066	0.436476	0.310251
10	正阳县	0.00050425	0.309228	0.520274	0.422106	0.764224	0.436059	0.309933
11	确山县	0.000506884	0.309316	0.520037	0.421981	0.764141	0.436338	0.309899
12	泌阳县	0.000509402	0.309412	0.519792	0.421867	0.764060	0.436613	0.309853
13	新蔡县	0.000501283	0.309447	0.520050	0.422429	0.764288	0.435962	0.309575
14	汝南县	0.000504493	0.309505	0.519838	0.422248	0.764191	0.436268	0.309595
15	平舆县	0.000502567	0.309585	0.519789	0.422421	0.764238	0.436162	0.309441
16	遂平县	0.000506361	0.309663	0.519524	0.422212	0.764122	0.436531	0.309454
17	项城市	0.000500673	0.309823	0.519497	0.422682	0.764269	0.436167	0.309091
18	沈丘县	0.00049906	0.309862	0.519499	0.422812	0.764311	0.436060	0.308996
19	上蔡县	0.000503301	0.309806	0.519423	0.422497	0.764195	0.436374	0.309188
20	舞钢市	0.000508172	0.309733	0.519348	0.422131	0.764063	0.436728	0.309419
21	西平县	0.000505828	0.309825	0.519297	0.422339	0.764121	0.436596	0.309238
22	商水县	0.000502094	0.309985	0.519194	0.422679	0.764212	0.436396	0.308931
23	叶县	0.000508619	0.309923	0.519040	0.422208	0.764032	0.436895	0.309197
24	舞阳县	0.000506818	0.309945	0.519075	0.422341	0.764081	0.436760	0.309118
25	郸城县	0.000497718	0.310139	0.519125	0.423058	0.764322	0.436138	0.308614
26	鲁山县	0.000511546	0.310037	0.518754	0.422075	0.763936	0.437214	0.309142

续表

序号	县级市、县	截距	人均生产总值	农林牧渔增加值	粮食产量	一般公共支出	农村居民最低保障人数	受教育程度
27	西华县	0.000501977	0.310191	0.518882	0.422803	0.764195	0.436527	0.308671
28	襄城县	0.000506822	0.310179	0.518717	0.422472	0.764058	0.436920	0.308828
29	临颍县	0.000504703	0.310192	0.518777	0.422621	0.764117	0.436753	0.308750
30	永城市	0.000491387	0.310480	0.518842	0.423671	0.764471	0.435848	0.308007
31	鄢陵县	0.000503055	0.310340	0.518613	0.422814	0.764150	0.436718	0.308518
32	宝丰县	0.000509613	0.310185	0.518602	0.422288	0.763977	0.437155	0.308902
33	郏县	0.000508359	0.310267	0.518523	0.422418	0.764005	0.437107	0.308763
34	汝阳县	0.000512565	0.310261	0.518373	0.422132	0.763885	0.437451	0.308894
35	扶沟县	0.000501598	0.310425	0.518538	0.422960	0.764183	0.436655	0.308370
36	柘城县	0.000496799	0.310501	0.518605	0.423322	0.764313	0.436310	0.308137
37	汝州市	0.00051033	0.310362	0.518304	0.422338	0.763939	0.437335	0.308704
38	禹州市	0.000507112	0.310428	0.518325	0.422592	0.764024	0.437114	0.308527
39	夏邑县	0.000491891	0.310657	0.518550	0.423738	0.764439	0.436012	0.307800
40	虞城县	0.000492968	0.310747	0.518373	0.423716	0.764400	0.436163	0.307720
41	长葛市	0.000504532	0.310488	0.518331	0.422798	0.764092	0.436941	0.308378
42	尉氏县	0.000502568	0.310626	0.518195	0.423007	0.764135	0.436873	0.308150
43	睢县	0.000497722	0.310700	0.518264	0.423373	0.764267	0.436524	0.307916
44	杞县	0.000499017	0.310760	0.518124	0.423319	0.764224	0.436672	0.307879
45	宁陵县	0.00049621	0.310763	0.518225	0.423509	0.764305	0.436442	0.307794
46	通许县	0.000500597	0.310691	0.518170	0.423175	0.764185	0.436754	0.308012
47	登封市	0.000508582	0.310574	0.518047	0.422574	0.763967	0.437334	0.308391
48	新郑市	0.000504734	0.310651	0.518074	0.422876	0.764070	0.437069	0.308182
49	新密市	0.000506235	0.310673	0.517984	0.422787	0.764025	0.437208	0.308199
50	中牟县	0.000502748	0.310867	0.517820	0.423129	0.764106	0.437053	0.307856
51	巩义市	0.000508012	0.310795	0.517732	0.422735	0.763961	0.437438	0.308100
52	民权县	0.000496411	0.310938	0.517950	0.423593	0.764282	0.436579	0.307582
53	荥阳市	0.000506096	0.310895	0.517652	0.422919	0.764006	0.437348	0.307920
54	兰考县	0.000497168	0.311064	0.517729	0.423612	0.764247	0.436727	0.307448
55	淮阳县	0.000499749	0.310163	0.519011	0.422936	0.764262	0.436323	0.308643

续表

序号	县级市、县	截距	人均生产总值	农林牧渔增加值	粮食产量	一般公共支出	农村居民最低保障人数	受教育程度
56	鹿邑县	0.000496781	0.310340	0.518852	0.423233	0.764330	0.436198	0.308337
57	太康县	0.00049932	0.310454	0.518581	0.423128	0.764246	0.436487	0.308269

各解释变量回归系数的描述性统计见表3-18。其中，平均值可以反映各影响因素对河南淮河流域居民福祉综合指数的贡献度的平均水平。可以看出，一般公共支出对居民福祉综合指数的影响最大，农林牧渔增加值次之，农村居民最低保障人数和粮食产量随后，人均生产总值和受教育程度影响最小。标准差可用来判断各影响因素对河南淮河流域居民福祉综合指数的贡献度的离散情况，值越大，空间分异越大。再参考标准差统计量，可以得知，农林牧渔增加值对居民福祉综合指数的影响的空间分异程度最高，受教育程度次之，人均生产总值、粮食产量和农村居民最低保障人数随后，一般公共支出的影响的空间分异程度最低。

表3-18 GWR回归系数描述性统计

变量	最大值	最小值	平均值	标准差	中位数
人均生产总值	0.311064	0.308555	0.310038	0.000656	0.310185
农林牧渔增加值	0.521322	0.517652	0.519079	0.000982	0.518842
粮食产量	0.423738	0.421640	0.422647	0.000546	0.422592
一般公共支出	0.764471	0.763885	0.764181	0.000141	0.764195
农村居民最低保障人数	0.437451	0.435408	0.436507	0.000534	0.436527
受教育程度	0.310758	0.307448	0.308891	0.000857	0.308763

（三）GWR模型可信度分析

Sigma：居民福祉GWR模型的Sigma值为0.0755（见表3-19），说明GWR模型对居民福祉的拟合效果很好。

AICc：GWR模型的AICc值为-142.5699，小于OLS模型的AICc值

-140.5696，说明 GWR 回归模型对人均生产总值、农林牧渔增加值等影响因素变化的解释程度更高。

R^2 与校正 R^2：GWR 的 R^2 值为 0.9870，校正 R^2 值为 0.9857，均高于 OLS 模型的 R^2 值 0.9632，校正 R^2 值 0.9599，说明 GWR 模型比 OLS 模型更为拟合数据，对影响因素变化的解释程度更高。

表 3-19　GWR 回归模型结果汇总

Sigma	AICc	R^2	校正 R^2
0.075512	-142.569898	0.987014	0.985670

综上所述，通过 AICc、R^2 与校正 R^2 的比较，可以得知 GWR 模型比 OLS 模型拟合程度更高，并且能更有效地确定解释变量的空间分异性，以及居民福祉的差异程度。

（四）居民福祉影响因素空间分异分析

根据 GWR 分析结果，更加直观地分析各因素对河南省淮河流域居民福祉综合指数的影响。

（1）人均生产总值

从 GWR 模型对河南省淮河流域人均生产总值的回归系数结果看，人均生产总值与居民福祉为正相关关系，人均生产总值越高，居民福祉综合指数越高。从总体来看，北部地区的人均生产总值较高且变化速率较高，中部地区一般且变化速率居中，南部较低且变化速率较低，河南省淮河流域不同地区的人均生产总值对居民福祉的影响程度存在差异。河南省淮河流域北部地区在省会郑州附近，由生长极理论可知，郑州作为中原经济区的中心城市带动周围地区经济的发展，导致北部地区的经济发展水平较高，基础设施比较完善，居民的生活水平较高，居民对生活的满意度较高。而河南省淮河流域南部驻马店、信阳等地区的经济发展远滞后于省会郑州，其管辖的县受到该地区城市的带动作用较小，主要靠自身产业积累，经济发展动力不足，南部地区人均生产总值较低，居民对生活的满意度不高，居民福祉也相对较低。

（2）农林牧渔增加值

从GWR模型对河南省淮河流域农林牧渔增加值的回归系数来看，农林牧渔增加值与居民福祉为正相关关系，其回归系数在0.5176～0.5214范围内变化，说明农林牧渔增加值越高，居民福祉综合指数越高。从总体来看，南部地区的农林牧渔增加值较高且变化速率较高，中部一般且变化速率居中，北部较低且变化速率较低，河南省淮河流域不同地区的农林牧渔增加值对居民福祉的影响程度存在差异。

河南省淮河流域南部地区尤其是信阳、驻马店等地区水资源丰富，淮河以南属于副热带湿润区，导致该地区降水量普遍较高，水资源作为农林牧渔产业的重要基础，对农林牧渔尤其是渔业的发展起到很大的决定作用；该地区山区较北部地区较多，会导致其种植的农作物农业附加值较高，比如茶叶、水果等，其经济效益都要比小麦、大豆等粮食作物要高。河南省淮河流域北部地区属于暖温带半湿润区，降水量较小，一定程度上限制了高经济价值农作物的种植；多为大片的平原，再加上耕地红线约束，导致北部地区大面积种植小麦、大豆和玉米等粮食作物，经济效益普遍较低，人均收入较少，居民对生活的满意度较低。

（3）粮食产量

从GWR模型对河南省淮河流域粮食产量的回归系数结果来看，粮食产量与居民福祉为正相关关系，粮食产量越高，居民福祉综合指数越高。从总体来看，东北部地区的粮食产量较高且变化速率较高，中部一般且变化速率居中，西南部较低且变化速率较低，河南省淮河流域不同地区的粮食产量对居民福祉的影响程度存在差异。

河南省东北部地区属于暖温带半湿润区，降水量较小，一定程度上限制了高经济价值农作物的种植；多为大片的平原，再加上耕地红线约束，导致东北部地区大面积种植小麦、大豆和玉米等粮食作物，粮食产量较高，居民的收入获得感较高，居民对生活的满意度较高，居民福祉较高。河南省淮河流域南部地区尤其是信阳、驻马店等地区水资源丰富，淮河以南属于副热带湿润区，导致该地区降水量普遍较高，该地区山区较北部地区较多，小麦、大豆、水稻种植少，而高经济价值农作物种植较多，比如茶叶、水果等；水资源作为农林牧渔产业的重要基础，对农林牧渔尤其是渔业的发展起到很大的决定作用。

（4）一般公共支出

从 GWR 模型对河南省淮河流域一般公共支出的回归系数结果来看，一般公共支出与居民福祉为正相关关系，其回归系数在 0.7638～0.7645 范围内变化，说明一般公共支出越高，居民福祉综合指数越高。从总体来看，东部地区的一般公共支出较高且变化速率较高，中部一般且变化速率居中，西部较低且变化速率较低，河南省淮河流域不同地区的一般公共支出对居民福祉的影响程度存在差异。

河南省淮河流域北部地区开封市等地处平原，经济发展条件较好，交通网络较为发达，公共基础设施较为完备，一般公共支出较高，居民的生活环境更为便捷，对生活满意度较高，进而影响居民福祉。而河南省淮河流域南部地区多在山区，受地理条件限制的因素较多，基础公共设施相对落后，区域可达性较差，经济发展条件相对较差，一般公共支出较低，居民对生活的满意度较低，故而居民福祉也相对较低。

（5）农村居民最低保障人数

从 GWR 模型对河南省淮河流域农村居民最低保障人数的回归系数结果来看，农村居民最低保障人数与居民福祉为正相关关系，农村居民最低保障人数越高，居民福祉综合指数越高。从总体来看，北部地区的农村居民最低保障人数较高且变化速率较高，中部一般且变化速率居中，南部较低且变化速率较低，河南省淮河流域不同地区的农村居民最低保障人数对居民福祉的影响程度存在差异。

河南省淮河流域西北部地区人口较密集，郑州作为中原经济区的中心城市带动周围地区经济的发展，导致西北部地区的经济发展逐渐强势，基础设施逐渐完善，居民整体较为富裕，居民对生活的满意度逐渐提高。而河南省淮河流域南部地区驻马店、信阳等地相对于省会郑州欠发达，所辖县受到该地区城市的带动作用较小，大多是靠自身的产业发展，经济发展速度较慢，贫困县较多，人均收入较低，相对于西北部地区居民对生活的满意度也会有所降低，居民福祉相对较低。

（6）受教育程度

从 GWR 模型对河南省淮河流域受教育程度的回归系数结果来看，受教育程度与居民福祉为正相关关系，其回归系数在 0.3074 ~ 0.3108 范围内变化，受教育程度越高，居民福祉综合指数越高。从总体来看，南部地区的受教育程度较高且变化速率较高，中部一般且变化速率居中，北部较低且变化速率较高，河南省淮河流域不同地区的受教育程度对居民福祉的影响程度存在差异。

河南省淮河流域南部地区驻马店、信阳等地经济情况相对于省会郑州欠发达，受教育程度普遍偏低，居民对生活的满意度相对较低，居民福祉有待提高。

（五）GWR 模型居民福祉预测

由地理加权回归模型可以得到河南省淮河流域 57 个县级市、县的居民福祉综合指数预测值（见表 3-20）。

表 3-20　基于 GWR 模型的河南省淮河流域居民福祉综合指数预测

序号	县级市、县	预测	序号	县级市、县	预测
1	固始县	2.4459	15	通许县	1.7681
2	永城市	2.4457	16	虞城县	1.7507
3	淮阳县	2.1239	17	尉氏县	1.7290
4	太康县	2.1050	18	西平县	1.7170
5	郸城县	2.0607	19	汝南县	1.7036
6	商水县	2.0574	20	泌阳县	1.6846
7	上蔡县	2.0099	21	柘城县	1.6781
8	鹿邑县	1.9403	22	西华县	1.6692
9	杞县	1.9369	23	民权县	1.6635
10	夏邑县	1.9215	24	兰考县	1.6416
11	沈丘县	1.9214	25	禹州市	1.6344
12	新蔡县	1.8708	26	新郑市	1.6318
13	汝州市	1.7811	27	正阳县	1.6296
14	息县	1.7692	28	平舆县	1.6289

序号	县级市、县	预测	序号	县级市、县	预测
29	襄城县	1.6210	44	中牟县	1.3684
30	项城市	1.6163	45	遂平县	1.3360
31	潢川县	1.6161	46	宝丰县	1.3329
32	光山县	1.5568	47	登封市	1.3024
33	叶县	1.5147	48	鲁山县	1.2915
34	罗山县	1.5081	49	汝阳县	1.2888
35	扶沟县	1.5041	50	新密市	1.2709
36	睢县	1.4950	51	舞钢市	1.2683
37	舞阳县	1.4642	52	长葛市	1.2564
38	临颍县	1.4468	53	确山县	1.2440
39	鄢陵县	1.4056	54	郏县	1.1924
40	商城县	1.3991	55	巩义市	1.1116
41	宁陵县	1.3896	56	桐柏县	1.1013
42	淮滨县	1.3727	57	新县	1.0195
43	荥阳市	1.3721			

将河南省淮河流域 57 个县级市、县的预测居民福祉综合指数导入 Arc-GIS 中,可以发现预测居民福祉综合指数最高的 5 个县为固始县、永城市、淮阳县、太康县和郸城县,这些值都在 2 以上,说明这些地区的居民对生活的满意程度预期较高;居民福祉综合指数最低的 5 个县为新县、桐柏县、巩义市、郏县和确山县。东部地区县域的居民福祉综合指数普遍比西部地区的高,说明东部地区县域的居民能够保持较高的生活水平,该地区人民整体幸福感较高。

五　本节小结

从 MA 对福祉的定义出发,围绕基本需求、安全与健康需求、精神需求三方面构建河南省淮河流域居民福祉的指标体系,运用普通最小二乘法(OLS)确定了居民福祉的 6 个影响因素:人均生产总值、农林牧渔增加值、粮食产量、一般公共支出、农村居民最低保障人数和受教育程度。基于

GWR 模型分析了居民福祉的影响因素，得出以下结论：

（1）河南省淮河流域居民福祉综合指数空间差异明显，东部地区县域的居民福祉综合指数普遍比西部地区的高，东部地区县域的居民能够保持较高的生活水平，满足居民的基本需求、安全与健康需求和精神需求，能够使该地区整体人民感到幸福。

（2）OLS 模型揭示了影响淮河流域居民福祉的基本因素，其中，一般公共支出对流域居民福祉的影响最大，农林牧渔增加值、粮食产量、农村居民最低保障人数次之，人均生产总值和受教育程度影响最小。

（3）通过 GWR 模型可进一步得出农林牧渔增加值对居民福祉的影响的空间分异程度最高，受教育程度次之，人均生产总值、粮食产量和农村居民最低保障人数随后，一般公共支出的影响的空间分异程度最低。

参考文献

［1］白描，2015. 微观视角下的农民福祉现状分析——基于主客观福祉的研究. 农业经济问题，36（12）：25-31.

［2］蔡国英，尹小娟，赵继荣，2014. 青海湖流域人类福祉认知及综合评价. 冰川冻土，36（2）：469-478.

［3］陈明星，陆大道，张华，2009. 中国城市化水平的综合测度及其动力因子分析. 地理学报，64（4）：387-398.

［4］代光烁，余宝花，娜日苏，等，2012. 内蒙古草原生态系统服务与人类福祉研究初探. 中国生态农业学报，20（5）：656-662.

［5］范如国，张宏娟，2012. 民生福祉评价模型及增进策略——基于信度、结构效度分析和结构方程模型. 经济管理，34（9）：161-169.

［6］胡荣华，陈琰，2012. 农村居民生活满意度的影响因素分析. 统计研究，29（5）：79-83.

［7］黄涛珍，宋胜帮，2013. 基于关键水污染因子的淮河流域生态补偿标准测算研究. 南京农业大学学报（社会科学版），13（6）：109-118.

［8］蒋文伟，刘彤，丁丽霞，等，2003. 景观生态空间异质性的研究进展. 浙江林学院学报，20（3）：311-314.

［9］ Kenneth J. Button，2001. 运输经济学．北京：商务印书馆．

［10］ 康继军，郭蒙，傅蕴英，2014. 要想富，先修路？——交通基础设施建设、交通运输业发展与贫困减少的实证研究．经济问题探索，（9）：41-46.

［11］ 劳可夫，2012. 基于多群组结构方程模型的绿色价值结构研究，中国人口·资源与环境，22（7）：78-84.

［12］ 李惠梅，张安录，2013. 生态环境保护与福祉．生态学报，33（3）：825-833.

［13］ 李琰，李双成，高阳，等，2013. 连接多层次人类福祉的生态系统服务分类框架．地理学报，68（8）：1038-1047.

［14］ 刘秀丽，张勃，郑庆荣，等，2014. 黄土高原土石山区退耕还林对农户福祉的影响研究——以宁武县为例．资源科学，36（2）：397-405.

［15］ 穆广杰，2004. 居民生活质量评价指标体系的完善．郑州航空工业管理学院学报（社会科学版），（6）：117-118.

［16］ 乔旭宁，王林峰，牛海鹏，等，2016. 基于 NPP 数据的河南省淮河流域生态经济协调性分析．经济地理，36（7）：174-189.

［17］ 荣泰生，2009. AMOS 与研究方法．重庆：重庆大学出版社，123-129.

［18］ 申津羽，韩笑，侯一蕾，等，2014. 贫困山区的农户主观福祉影响因素研究——以湖南省湘西州为例．资源科学，36（10）：2174-2182.

［19］ 唐琼，王文瑞，田璐，等，2017. 沙漠-绿洲过渡带农户福祉认知和综合评价——以沙坡头为例．干旱区资源与环境，31（5）：51-56.

［20］ 王大尚，郑华，欧阳志云，2013. 生态系统服务供给、消费与人类福祉的关系．应用生态学报，24（6）：1747-1753.

［21］ 王圣云，沈玉芳，2010. 福祉地理学研究新进展．地理科学进展，29（8）：920-926.

［22］ 韦惠兰，王光耀，2017. 沙化土地治理区农户生活满意度及影响因素分析——基于甘肃省 12 县域调查数据．干旱区资源与环境，31（4）：1-8.

［23］ 吴明隆，2009. 结构方程模型-AMOS 的操作与应用．重庆：重庆大学出版社，37-53.

［24］ 吴玉鸣，2005. 中国经济增长与收入分配差异的空间计量经济分析．北京：经济科学出版社．

［25］ 夏骋翔，杨学义，高全成，2011. 福祉测量方法评述．统计与信息论坛，26（12）：3-9.

［26］ 杨莉，甄霖，李芬，等，2010. 黄土高原生态系统服务变化对人类福祉的影响初探. 资源科学，32（5）：849-855

［27］ 杨晓明，戴小杰，田思泉，朱国平，2014. 中西太平洋鲣鱼围网渔业资源的热点分析和空间异质性. 生态学报，34（13）：3771-3778.

［28］ 于鲁冀，葛丽燕，梁亦欣，2011. 河南省水环境生态补偿机制及实施效果评价，环境污染与防治，33（4）：87-90.

［29］ 占少贵，王圣云，傅春，2014. 福祉研究文献综述. 广西社会科学，（12）：100-105.

［30］ 张童敏，齐振宏，曹丽红，等，2015. 农户两型农业认知对行为响应的作用机制——基于 TPB 和多群组 SEM 的实证研究. 资源科学，37（7）：1482-1490.

［31］ 张伟，高霞，2012. 外商投资、创新能力与环境效率的结构方程分析：以山东为例. 中国软科学，（3）：170-180.

［32］ 赵士洞，张永民，2006. 生态系统与人类福祉——千年生态系统评估的成就、贡献和展望. 地球科学进展，21（9）：896-902.

［33］ 郑方辉，2011. 幸福指数及其评价指标体系构建. 学术研究，（6）：51-57.

［34］ 郑明明，徐红，2016. 济南都市圈城镇化水平测度及空间差异分析. 鲁东大学学报（自然科学版），32（1）：74-79.

［35］ Anselin L, 1995. Local indicators of spatial association-LISA. *Geographical Analysis*, 27: 93-115.

［36］ Costanza R, d'Arge R, De Groot R, et al. , 1997. The value of the world's ecosystem services and natural capital. *Nature*, 387: 253-260.

［37］ Coulthard S, Johnson D, Mc Gregor J A, 2011. Poverty, sustainability and human wellbeing: A social wellbeing approach to the global fisheries crisis. *Global Environmental Change*, 21（2）: 453-463.

［38］ Cummins R A, Eckersley R, Lo S K, et al. , 2003. The Australian unity wellbeing index: An overview. *Social Indicators Research*, 76: 1-4.

［39］ Dodds S, 1997. Towards a 'science of sustainability': Improving the way ecological economics understands human well-being. *Ecological Economics*, 23（2）: 95-111.

［40］ Getis A, Ord J K, 1992. The analysis of spatial association by use of distance statistics. *Geographical Analysis*, 24（3）: 189-206.

［41］ Hall J, Giovannini E, Morrone A, et al. , 2010. A framework to measure the progress of societies, statistics directorate working paper No. 34. *Organisation for Economic*

Co. operation and Development.

［42］ Kareiva P, 1994. Space: the final frontier for ecological theory. *Ecology*, 75: 1-2.

［43］ Kolasa J, Pickett S T A, 1991. *Ecological Heterogeneity*. New York: Spring-Verlag.

［44］ Li H, Reynolds J F, 1995. On definition and quantification of heterogeneity. *Oikos*, 73 (2): 280-284.

［45］ Pablo M, Aline C, Tim T, et al., 2015. The impact of ecosystems on human health and well-being: A critical review. *Journal of Outdoor Recreation and Tourism*, 10: 63-69.

［46］ Pickett S T A, Cadenasso M L, 1995. Landscape ecology: spatial heterogeneity in ecological systems. *Science*, 269: 331-334.

［47］ Prokopy L S, Floress K, Klotthor-Weinkauf D, et al., 2008. Determinantsof agricultural BMP adoption: Evidence from the literature. *Journal of Soil and Water Conservation*, 63 (5): 300-311.

［48］ Sen, 1977. On weights and measures: informational constraints in social welfare analysis, *econometrica*, 45.

［49］ Sen, 1982. *Choice, Welfare and Measurement*. Oxford: Blackwell, and Cambridge, Mass: MIT Press.

［50］ Sen, 1988. Freedom of choice: concept and content. *European Economic Review*, 32.

［51］ Seng C T, Sun C L, Yeh S Z, Chen S C, Su W C, 2010. Spatio-temporal distributions of tuna species and potential habitats in the Western and Central Pacific Ocean derived from multi-satellite data. *International Journal of Remote Sensing*, 31 (17/18): 4543-4558.

［52］ Shen J H, Chen X D, Cui X S, 2006. Analysis on spatial-temporal distribution of skipjack tuna catches by purse seine in the western and central pacific ocean. *Marine Fisheries*, 28 (1): 0013-0019.

［53］ Smith D M, 1977. *Human Geography: A Welfare Approach*. London: Edward Arnold.

［54］ Straszheim M R, 1972. Researching the role of transportation in regional development. *Land Economics*, 48 (3): 212-219.

［55］ Summers J K, Smith L M, Case J, et al., 2012. A review of the elements of human well-being with an emphasis on thecontribution of ecosystem services. *Ambio*, 41 (4): 327-340.

［56］ Wu J G, 2007. *Landscape Ecology-Pattern, Process, Scale and Hierarchy*. Beijing: Higher Education Press, 125-147.

第四章　流域生态系统服务变化对居民
福祉的影响[*]

本章导读

➤ 运用场强模型与断裂点方法建立了生态系统服务转移模型，以 MA 的人类福祉框架为基础建立流域居民福祉评价指标体系，基于因果关系分析及灰色关联模型，研究了渭干河流域生态系统服务价值的流动性及与农牧民福祉的关系。

➤ 流域生态系统服务价值在空间上呈现溢出效应。流域生态系统服务价值从上游向下游的转移强度与距离成反比，溢出价值先下降后波动上升。

➤ 流域农牧民福祉表现出明显的层次性，即分为基本需求、安全与健康需求、精神需求，从权重构成上看安全与健康需求最高，其次是基本需求，而精神需求最低，空间上表现为显著的异质性，即库车市大于拜城县、新和县最低。

➤ 流域生态系统服务空间转移是居民福祉的格兰杰原因，前者对后者产生了较显著的影响，对安全与健康需求福祉产生的影响最大，上游森林生态系统与下游农牧福祉的关系最密切，而荒漠生态系统对流域农牧民福祉的影响最弱。

---

* 本章内容以笔者在《资源科学》上发表的论文《渭干河流域生态系统服务的空间溢出及对居民福祉的影响》为基础，适当修改而成稿。

128

第一节　研究内容与思路

一　研究背景及意义

流域生态系统的服务功能具有明显的外部性特征，市场机制的失灵引起以水资源利用为核心的上中下游间的冲突与生态系统退化，进而极大地影响了流域的协调和永续发展（乔旭宁等，2012）。生态系统服务具有空间流动性，传统的根据生态系统服务类型的分析无法准确表征生态系统服务价值的空间流动性和实现过程，导致各级政府在管理流域生态系统、资源和环境时面临众多难题（Guo and Xiao，2000）。同时，这种矛盾与冲突对流域农牧民福祉产生了深远的影响，人类不得不从科学的角度重新审视自身与生态系统的关系（李文华等，2009）。在全球范围内开展的生态系统服务付费（生态补偿）是化解上述矛盾与冲突的有效方式。

我国的生态补偿起步相对较晚，但无论是中央还是地方，生态补偿很快成为各界关注的重大科学与实践问题。党的十八大报告中指出要"加强生态文明制度建设"，"建立反映市场供求和资源稀缺程度、体现生态价值和代际补偿的资源有偿使用制度和生态补偿制度"。建立系统科学的生态补偿政策框架并构建操作性强的生态补偿机制势在必行。而无论是在理论探讨还是实际应用中，关于如何确定生态系统服务付费标准并开展有效补偿等问题并未能达成一致意见（秦艳红和康慕谊，2007）。上述问题的解决取决于两个方面的因素：第一，形成统一可行的生态系统服务价值流动性测算方法与技术体系；第二，明晰生态系统服务的流动性对流域农牧民福祉的作用机制与作用程度。因此，当务之急是以地理学第一定律为基础，综合外部性理论、生态资本论和可持续发展理论对生态系统服务价值的空间转移特征进行测算，进一步研究生态系统服务价值的流动性对流域农牧民福祉的作用，为流域生态补偿机制的构建提供理论和方法基础，为保障流域生态安全、促进流域可持续发展提供路径。

二 主要内容与模型方法

（一） 流域生态系统服务价值的流动性

运用场强模型与断裂点方法，综合地理信息系统的空间分析功能，建立生态系统服务转移模型及评价方法体系；以干旱区内陆河流域为研究区域，研究流域不同区域生态系统服务转移的时空特征，计算从上游转移到下游的生态系统服务价值。

（二） 流域农牧民福祉的动态变化特征

以 MA 的人类福祉框架为基础建立流域农牧民福祉评价指标体系；通过新疆维吾尔自治区统计局及其所辖的州市地统计局收集渭干河流域农牧民福祉的数据资料；运用趋势分析法分析流域农牧民福祉的动态过程。

（三） 流域生态系统服务及其流动性对农牧民福祉的影响

综合上述分析结果，基于 Granger 因果关系分析方法，验证流域生态系统服务的空间转移值与流域农牧民福祉间是否存在因果关系；采用灰色关联模型，研究流域生态系统服务及其流动性对农牧民福祉的影响。

三 研究思路与总体框架

研究从时间和空间维度探索流域生态系统服务价值的空间转移量对"源"区及"汇"区农牧民福祉的影响：第一，以地理学第一定律为理论基础，运用场强模型与断裂点方法，综合地理信息系统的空间分析功能，对土地利用/覆被变化数据进行测算，得到流域生态系统服务价值；第二，建立流域生态系统服务转移评估方法体系，对流域不同区域生态系统服务价值的转移值进行测算；第三，以 MA 的人类福祉框架为基础建立流域农牧民福祉评价指标体系，分析流域农牧民福祉的动态变化特征；第四，采用 Granger 因果关系分析方法与灰色关联模型，分析流域"源"区生态系统服务价值的转出对"汇"区农牧民福祉的影响（见图 4-1）。

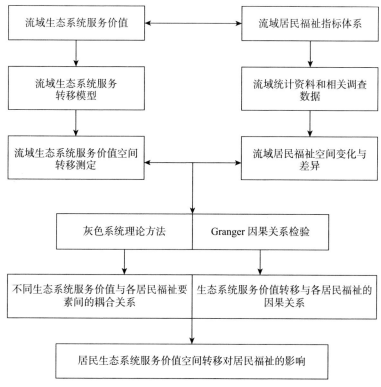

图 4-1 技术路线

第二节 流域生态系统服务及其价值空间转移

一 流域生态系统服务价值的估算方法

1997 年，Costanza 等（1997）构建了全球生态系统服务价值评价当量表，国内学者谢高地等（2008）在此基础上运用调查问卷方法得出了中国生态系统服务价值的测算方法，本章以此为基础结合渭干河流域实际估算该区域的生态经济价值。

（一）流域单位面积耕地粮食的价值测算

研究选取小麦、玉米和棉花作为主要农作物，结合新疆维吾尔自治区统计年鉴，估算出研究区的平均粮食单产，通过政府网查找对应的作物市场收购价格，得到食物生产服务经济价值。根据谢高地等人的研究成果——没有人力投入的自然生态系统提供的经济价值是现有单位面积农田提供的食物生产服务经济价值的 1/7（谢高地等，2008；肖玉等，2003），将研究区单位面积粮食作物的价值作为各种生态系统服务的当量因子价格，以此推算相关生态系统服务的单价。

（二）不同生态系统服务的单价测算

依据单位面积粮食作物的经济价值和"中国生态系统单位面积生态系统服务价值当量表"（见表4-1）得出渭干河流域各土地类型的生态系统服务单价。

表4-1　中国生态系统单位面积生态系统服务价值当量表

生态系统服务功能	森林	草地	农田	湿地	河流	荒漠	总计
食物生产	0.33	0.43	1.00	0.36	0.53	0.02	2.67
原材料生产	2.98	0.36	0.39	0.24	0.35	0.04	4.36
气体调节	4.32	1.50	0.72	2.41	0.51	0.06	9.52
气候调节	4.07	1.56	0.97	13.55	2.06	0.13	22.34
水文调节	4.09	1.52	0.77	13.44	18.77	0.07	38.66
废物处理	1.72	1.32	1.39	14.40	14.85	0.26	33.94
维持生物多样性	4.51	1.87	1.02	3.69	3.43	0.40	14.92
提供美学景观	2.08	0.87	0.17	4.69	4.44	0.24	12.49

资料来源：谢高地，甄霖，鲁春霞，等，2008. 一个基于专家知识的生态系统服务价值化方法. 自然资源学报，23（5）：911-919。

根据国内学者对渭干河流域的相关研究成果，森林、草地、水域的修正系数分别为 0.4622、0.3334、0.94，其他生态系统服务类型的当量值直接采纳谢高地等（2008）的测算结果，通过修正"中国生态系统单位面积生态系统服务价值当量表"，获取研究区不同类型生态系统单位面积生态系统服务价值当量表（见表4-2）。

表4-2　渭干河流域生态系统单位面积生态系统服务价值当量表

生态系统服务功能	森林	草地	农田	湿地	河流	荒漠	总计
食物生产	0.15	0.14	1.00	0.36	0.50	0.02	2.17
原材料生产	1.38	0.12	0.39	0.24	0.33	0.04	2.50
气体调节	2.00	0.50	0.72	2.41	0.48	0.06	6.17

生态系统服务功能	森林	草地	农田	湿地	河流	荒漠	总计
气候调节	1.88	0.52	0.97	13.55	1.94	0.13	18.99
水文调节	1.89	0.51	0.77	13.44	17.64	0.07	34.32
废物处理	0.79	0.44	1.39	14.40	13.96	0.26	31.24
维持生物多样性	2.08	0.62	1.02	3.69	3.22	0.40	11.04
提供美学景观	0.96	0.29	0.17	4.69	4.17	0.24	10.53

（三）生态系统服务价值计算

运用加权求和方法，对 6 种生态系统所对应的 8 种生态系统服务的经济价值进行测算，得到流域各类生态系统服务的价值及流域生态系统服务的总价值。具体测算过程参照相关文献（乔旭宁等，2011）。

二　流域生态系统服务价值的溢出分析

（一）流域生态系统服务溢出特征分析

国外学者（Groot，2002）对生态系统服务的流动性及其溢出效应进行了深入研究（见表 4-3）。结合渭干河流域的地域特征，对其生态系统服务的流动性进行分类，分为不发生流动和发生流动两种。我们假定流域生态系统服务在空间转移中表现为衰减和不衰减两类，且假定所有发生空间衰减的生态系统服务皆呈现面状衰减特征，即气候调节、水文调节、大气调节、生物控制和净化水质等发生转移和面状衰减，其他线状和不规则衰减的生态系统服务类型不被考虑在内。同时，河流自身特性表现为只能由上游流向下游，故流域的水文调节与净化水质功能只能是由上游的拜城县向下游的库车市、沙雅县、新和县进行转移，而下游的该种生态系统服务价值不可能向上游转移。

表 4-3　各种生态系统服务的空间转移范围

单位：千米

生态系统服务类型	转移特征	转移范围
大气调节	转移中不断衰减	$10^2 \sim 10^4$

续表

生态系统服务类型	转移特征	转移范围
气候调节	面状衰减	$10 \sim 10^3$
灾害预防	线状逐渐衰减	$10 \sim 10^2$
水文调节	面状和线状逐渐衰减	10^2
水源供给	线状转移，损失较少	$10 \sim 10^2$
水土保持	面状逐渐衰减	10^2
土壤形成	基本不发生转移和衰减	—
养分循环	基本无衰减	10^3
净化水质	面状逐级衰减	$10 \sim 10^2$
传粉	域内外不规则转移	$10^{-2} \sim 10^2$
生物控制	转移中不发生明显的衰减	10^3

生态系统服务的溢出效应符合地理学第一定律，与距离因子密切相关，表现出不断衰减态势，"源"区的生态系统服务价值量空间转移随"源""汇"区间的距离增大而下降。基于生态系统服务溢出效应的空间衰减特征，研究综合运用区域引力模型与地理信息系统空间分析功能，以及所构建的流域生态系统服务价值的求解算法，测算流域生态系统服务价值的溢出效应。

（二）流域生态系统服务价值转移测算（见图4-2）

1. 流域生态系统服务价值转移测算思路与流程

流域生态系统服务价值转移测算的基本步骤为：①分析流域生态系统服务的流动性，筛选出存在流动性的生态系统服务，提出假设条件，对于不存在空间流动性的生态系统服务类型则不予考虑；②根据地理学第一定律的距离衰减规律，建立区域间生态系统服务的引力模型，推导出生态系统服务的流动性评价方法；③运用地理信息系统的空间分析功能，测算出生态系统服务的"源"区转移至"汇"区的生态系统服务价值的强度和范围；④基于上述方法，估算"源"区生态系统服务转移至"汇"区的价值量。

2. 流域生态系统服务价值的转移范围

运用地理信息系统的几何中心提取功能，得到流域各行政单元的几何

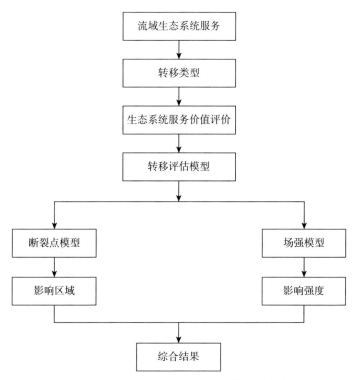

图 4-2　流域生态系统服务流动性估算方法

中心，根据区域间的引力模型，测算出生态系统服务从"源"区到"汇"区的转移半径：

$$La = L_{ab} / (1 + \sqrt{V_b / V_a})\qquad\qquad(4-1)$$

其中，a 为生态系统服务价值的"源"区；b 为生态系统服务价值的"汇"区；L_{ab} 是"源"区几何中心与"汇"区几何中心间的长度，通过图中两坐标点的距离表征；La 是"源"区几何中心到断裂点的长度；V_a 是"源"区的生态系统服务经济价值；V_b 是"汇"区的生态系统服务经济价值。

3. 流域生态系统服务价值的转移强度

运用距离衰减原理推导出场强模型，计算出"源"区向"汇"区转移的生态系统服务价值的强度：

$$I_{ab} = V_a / L_{ab}^2 \qquad\qquad (4-2)$$

4. 流域生态系统服务价值的转移总量

从"源"区 a 向"汇"区 b 转移的生态系统服务总价值 V_{ab} 可以用如下公式测算：

$$V_{ab} = \sum_{n=1}^{6} k \cdot Q_{ab} \cdot S / L_{ab}^2 \qquad\qquad (4-3)$$

将公式（4-2）代入公式（4-3）中，得到：

$$V_{ab} = k \cdot I_{ab} \cdot S \qquad\qquad (4-4)$$

其中，V_{ab} 为从"源"区 a 向"汇"区 b 转移的生态系统服务总价值；Q_{ab} 为从"源"区 a 向"汇"区 b 转移的单位面积生态系统服务价值；S 为从"源"区转移到"汇"区的生态系统服务的影响范围；k 为"源"区到"汇"区的生态系统服务空间转移的影响因子，若在干旱区，河流对生态系统的作用极为显著，k 值应当适当高于研究中的经验值 0.6，根据相关学者研究成果（乔旭宁等，2011），确定 k 取值为 0.8。

三 流域生态系统服务价值空间转移分析

（一）渭干河流域生态系统服务价值的测算

流域生态系统服务价值呈现波动变化态势，在空间分布上表现为拜城县最高，其次为沙雅县和库车市，而新和县最低（见图4-3）。拜城县是整个流域生态系统服务的"源"区，不断加大生态环境治理力度，采取了诸如退耕还林还草、水土流失防治、沙地治理等相关措施，该区域的生态系统服务价值在整个流域最高。拜城县作为流域的上游和生态源，其生态系统服务价值借助各种媒体和介质，向"汇"区进行流动和转移。因此，拜城县是整个流域生态系统服务的"源"区，而沙雅县、新和县和库车市是生态系统服务的"汇"区。

2000~2010年，研究区的生态系统服务价值上升了10.96%，生态系统服务价值的变化主要源自土地利用类型面积的变化（见图4-4）与单位面积生态系统服务价值的变动（见表4-4）。从空间来看，上游地区表现

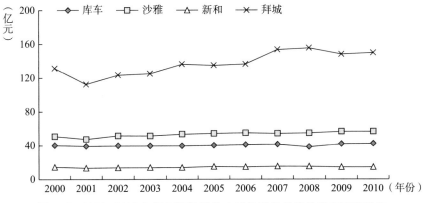

图 4-3　2000~2010 年渭干河流域生态系统服务价值的动态变化特征

为生态系统服务价值动态增加的变化态势，其中 2007 年的增加幅度最明显，2008 年则达到了研究时段内的峰值；下游沙雅县在 2000~2010 年生态系统服务价值表现为缓慢上升过程，个别年份略有下降（如 2001 年）；下游新和县的生态系统服务价值低于流域其他县域，11 年间变化不大；库车市的生态系统服务价值波动较小，2008 年达到研究时段内的波谷。2000~2001 年，上游地区的单位面积生态系统服务价值减少最多，减少 1.697 万元/公顷，下游三县域也表现出减少态势，流域整体生态系统服务价值减少，其中，拜城县减少最显著，为 14.43%；其次是新和县减少了 7.93%，而沙雅县和库车市也分别减少了 6.64% 和 2.43%；2009 年，

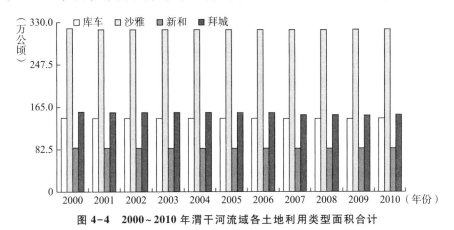

图 4-4　2000~2010 年渭干河流域各土地利用类型面积合计

拜城县和新和县的生态系统服务价值有所减少，而下游的库车市与沙雅县则与上年相比略有增加。就整个流域而言，上游地区土地利用类型面积的变动及单位面积生态系统服务价值的变化是引起生态系统服务价值变化的主要原因，这种变化通过各类传导媒体和介质转移到下游，对下游各县域生态系统服务价值产生了较大影响。

表 4-4　2000~2010 年渭干河流域单位面积生态系统服务价值

单位：元/公顷

年份	流域生态系统服务单价			
	库车市	沙雅县	新和县	拜城县
2000	54224.00	54154.09	54739.58	174162.80
2001	53901.54	52622.01	52972.17	157194.10
2002	54529.85	57247.61	54224.00	171976.20
2003	54459.94	57134.00	54800.76	174162.80
2004	54459.94	59344.91	55342.56	189788.00
2005	55272.65	60358.61	60000.32	187920.90
2006	56137.79	61040.23	57981.66	189763.50
2007	56940.70	60292.63	60545.27	214787.50
2008	52825.80	60821.76	60166.35	217427.10
2009	57675.81	62001.49	56627.16	219638.20
2010	58069.05	62394.74	56758.24	208582.60

（二）流域生态系统服务的空间流动性

流域生态系统服务的空间流动性表现为上游地区土地利用方式的变动引起生态系统服务价值变化，通过各类传导媒体和介质对下游各县域生态系统服务价值产生影响的过程，该过程可以由流域生态系统服务转移模型来估算，主要包括转移范围、转移强度及转移总量等方面。

（1）渭干河流域生态系统服务价值的转移半径

以流域上下游各行政单元的几何中心为测算基准点，对 11 年间上游生态系统服务的"源"区向"汇"区进行价值转移的半径进行估算（见图 4-5）；渭干河流域上游生态系统服务的"源"区向"汇"区的转移半径表现为先减小然后增大再减小的动态波动特点，变化幅度较小，总体保持相对稳定。

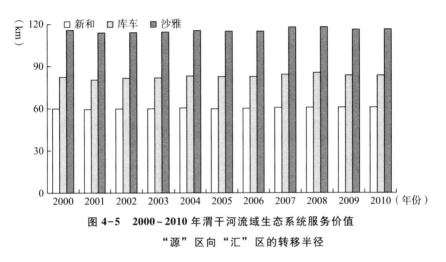

图 4-5　2000~2010 年渭干河流域生态系统服务价值
"源"区向"汇"区的转移半径

（2）渭干河流域生态系统服务价值的转移范围

基于地理信息系统软件的空间分析中的 buffer analysis 功能，测算 2000~2010 年渭干河流域上游生态系统服务的"源"区向"汇"区的转移范围。在研究的 11 年间，上游拜城县生态系统服务价值对下游各县域的转移半径超出了拜城县的行政边界，上游作为生态系统服务的"源"区，其流动性对下游都产生了一定的影响。基于地理信息系统软件的逻辑交运算模块，计算 2000~2010 年流域生态系统服务价值的空间转移范围（见图 4-6）。11 年间，上游生态系统服务价值向下游的空间转移范围不断扩大，向沙雅县的转移价值于 2001 年最低，于 2008 年最高；向库车市的转移价值于 2001 年最低，于 2008 年最高；向新和县的转移价值于 2001 年最低，于 2010 年最高。通过流域各县域间的横向比较，向库车市的转移范围最小，向新和县转移的面积次之，而向下游沙雅县的转移范围最大。

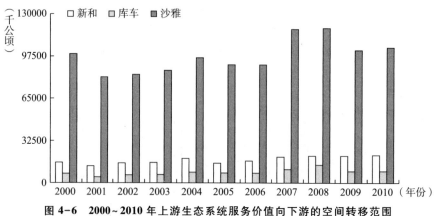

图 4-6　2000~2010 年上游生态系统服务价值向下游的空间转移范围

（3）渭干河流域生态系统服务价值的转移强度

位于上游拜城县的生态系统服务价值向下游新和县的转移强度最明显，向库车市转移强度次之，而向沙雅县转移强度最低，呈现明显的距离衰减特征；在时间维度，上游向下游的转移强度表现为波动上升，于 2008 年达到峰值（见图 4-7）。

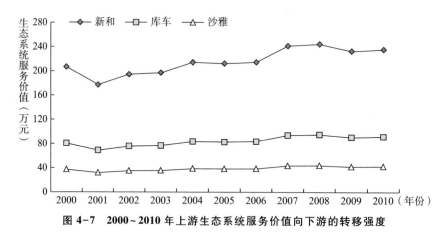

图 4-7　2000~2010 年上游生态系统服务价值向下游的转移强度

（4）渭干河流域生态系统服务价值的综合转移量

位于上游拜城县的生态系统服务价值向下游三个县域的转移量表现为先减少后动态增长的趋势（见图 4-8），上游生态系统服务价值的波动对下游的作用表现为总体加强态势。2001 年上流生态系统服务"源"区向新和县转移的总价值达到最低值 1.84 亿元，2002~2004 年呈逐年上升态势，之后两年有所降低，到 2007 年迅速提升，并于 2008 年形成峰值 4.04 亿元，之后两年有较小幅度的变动。上游拜城县的生态系统服务向下游沙雅县转移的价值于 2001 年最低，为 2.08 亿元，2008 年为峰值 4.19 亿元，2009 年转移的价值总量下降，而在 2010 年略有增加。2000~2010 年上游拜城县向库车市转移的生态系统服务价值总量数额较小，在 2001 年达到最低为 0.24 亿元，而在 2008 年达到峰值 1.05 亿元，与新和与沙雅相比，上游生态系统服务"源"区向库车市转移的价值总量变化区间最小。

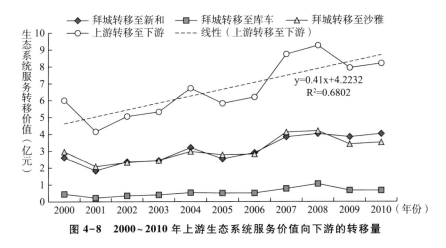

图 4-8　2000~2010 年上游生态系统服务价值向下游的转移量

2001 年流域上游向下游转移的生态系统服务价值量最低，主要原因在于上游"源"区向下游三县域的转移半径、转移范围和转移强度都略有减少。而在 2008 年，流域上游向下游的转移半径、范围和强度整体达到 11 年间的峰值，故该年份上游向下游转移的价值量最大。2010 年上游地区的生态系统服务价值向库车市转移量为 0.73 亿元，为 2000 年的 1.35 倍；与 2000 年相比，2010 年上游向下游的新和县和沙雅县转移的价值量分别增长了 0.44 倍和 0.20 倍。11 年间，渭干河流域上游生态系统服务的"源"区向下游的"汇"区转移的价值量表现为动态增长态势，主要是由于：一方面，在所有生态系统服务类型中，湿地和河流的当量因子最大，而水域面积占比呈上升趋势；另一方面，除水域外，森林生态系统的当量因子是最高的,在上游退耕还林还草政策的作用下,森林覆盖率表现为上升态势(见图4-9)。

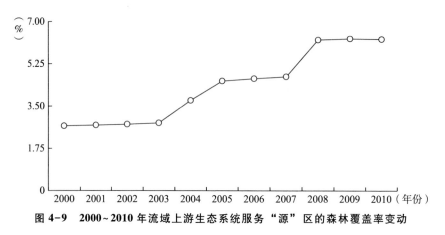

图4-9 2000~2010年流域上游生态系统服务"源"区的森林覆盖率变动

第三节 流域居民福祉测算与评估

一 流域居民福祉类型与指标体系的建立

千年生态系统评估(MA)把人类福祉的组成要素分成维持高质量生活所需的物质基础、健康、选择与自由、良好的社会关系和人身安全5类。基于流域居民福祉的构成多维度性,可以将其归纳为三大类,即基本需求、安全与健康需求及精神需求。参考国内外学者的研究成果,从人类福祉与生态系统服务的关系出发,基于MA对人类福祉的界定,综合考虑生态系统服务的供给、调节、支持和文化四类构成,结合研究区域的生态环境、经济社会及自然资源禀赋状况,同时顾及数据的可获取性,筛选了能全面表征渭干河流域居民福祉的评价指标,构建指标体系(见表4-5)。居民福祉一般分为客观与主观两类,本研究为长时间序列,为了保障不同研究时段福祉的可比性,指标体系主要选取了表征居民客观福祉的指标,而对于重要的主观指标,运用客观替代主观的方法,用客观指标进行了适当替代。

表 4-5 渭干河流域居民福祉的指标体系

目标层	要素层	准则层	指标层	指标性质
居民福祉	基本需求	基本收入	农民年人均纯收入（元）	+
			城镇单位从业人员劳动报酬（万元）	+
			农业收入（万元）	+
			林业收入（万元）	+
			牧业收入（万元）	+
			人均生产总值（2005年可比价）（万元）	+
		基本物质	人均耕地面积（亩）	+
			农作物播种面积（亩）	+
			粮食作物产量（吨）	+
			畜产品总产肉量（吨）	+
			禽蛋产量（吨）	+
			水产品产量（吨）	+
			道路长度（公里）	+
			农业机械总动力（千瓦）	+
			人均居住面积（平方米）	+
			用水普及率（%）	+
			用气普及率（%）	+
	安全与健康需求	安全	周转粮食库存情况（万公斤）	+
			年人均粮食拥有量（吨）	+
			人均日生活用水量（升）	+
			全年沙尘暴日数（天）	-
			公安机关受理查处治安案件（件）	-
			森林覆盖率（%）	+
		健康	环境空气质量（二氧化硫排放量）（吨）	-
			污水处理率（%）	+
			污水年排放量（万平方米）	-
			污水年处理量（万平方米）	+
			床位数（张）	+
			卫生技术人员（人）	+

续表

目标层	要素层	准则层	指标层	指标性质
居民福祉	精神需求	良好的社会关系	年离婚数（对）	−
			婚姻、家庭、继承纠纷数（件）	−
			各类纠纷调解数（件）	+
			社会办敬老院数（个）	+
			社会福利事业单位（敬老院）员工人数（人）	+
			社会福利事业人均供养金（元）	+
			城镇居民低保人数（人）	−
		文化教育	成人高等学校在校生数总计（人）	+
			小升初比例（%）	+
			小学平均每个教师负担学生数（人）	+
			初中平均每个教师负担学生数（人）	+
			教育财政支出（万元）	+
			图书馆数（座）	+
			艺术团送戏下乡数（次）	+
			电视覆盖率（%）	+

二　渭干河流域居民福祉指标的权重

以渭干河流域上游的拜城及中下游的库车、沙雅及新和为评价单元，构建流域居民福祉评价指标，评价指标体系由要素层、准则层和指标层构成。其中基本需求、安全与健康需求和精神需求属于要素层指标，基本需求包括基本收入和基本物质两类准则层指标以及农业收入、城镇单位从业人员劳动报酬、农作物播种面积、农业机械总动力等 17 个三级指标；安全与健康需求包括安全和健康两类准则层指标和人均日生活用水量、公安机关受理查处治安案件、污水年排放量、污水处理率等 12 个三级指标；精神需求包括良好的社会关系和文化教育两类准则层指标及婚姻、家庭、继承纠纷数，社会福利事业人均供养金，教育财政支出，电视覆盖率等 15 个三级指标。

目前，应用较普遍的指标权重测算方法主要有 Delphi 法（德尔菲法）、层次分析法（AHP）、熵值法等。德尔菲法是一种专家主观赋值方法，层次分析法是一种主观与客观相结合的赋权方法。熵值法是一种客观的权重测算方法，其过程是根据指标体系的熵值分析研究指标值的随机性和离散度，指标值的集中度越低，则该指标的权值就越高。同时，该种方法的测算过程复杂度低且容易操作，能较大程度上避免主观条件的干扰，因此，本研究运用熵值法计算评价体系的权值。

本研究中所涉及的相关指标数据来自 2000～2010 年新疆统计年鉴、阿克苏地区统计年鉴。熵值法的测算步骤有四步。

（1）指标的标准化：

$$X' = X/X_{\max} \text{ 或 } X' = X_{\min}/X \tag{4-5}$$

如果 X 为负向指标，标准化值的测算方法为 $X/X_{\min}$；如果 X 为正向指标，标准化值的测算方法为 $X/X_{\max}$。

（2）指标值在所有单元中所占比重：

$$P_{ij} = X'/\sum_{i=1}^{n} X' \tag{4-6}$$

其中，X′为指标 X 的标准化值；P_{ij} 为第 j 项指标第 i 个单元所占的比重值。

（3）评价指标的熵值：

$$E_j = -k\sum_{i=1}^{n} P_{ij} \cdot \ln P_{ij} \tag{4-7}$$

其中，$k = 1/\ln n$；n 为指标数量。

（4）指标权值测算：

$$\omega_j = 1 - E_j/\sum_{j=1}^{m}(1 - E_j) \tag{4-8}$$

其中，ω_j 为第 j 项指标的权重；$1 - E_j$ 为差异系数，该数值对指标权值会产生重大作用；m 为评价指标单元的数量。

三　流域居民福祉的时空特征

运用熵值法对指标数据进行测算，得到各指标的权值（见表 4-6）。要素层各指标的重要性排序为安全与健康需求最高、基本需求次之、精神需

求最低，其中，基本需求的权值为 0.3145、安全与健康需求的权值为
0.4700、精神需求的权值为 0.2155；准则层各指标的重要性排序为安全最
高、健康次之，然后依次为基本收入、文化教育、基本物质和良好的社会
关系，权值最高的为安全需求，达到了 0.2779，最低的是良好的社会关系，
其权值仅为 0.0656；指标层中各指标的权值最高的为环境空气质量，达到
了 0.1512，而小升初比例的权值最低，仅为 4.4840×10^{-6}。

表 4-6　渭干河流域居民福祉指标体系及其权值测算

要素层	权重	准则层	权重	指标层	权重
基本需求	0.3145	基本收入	0.1669	农民年人均纯收入（元）	0.0086
				城镇单位从业人员劳动报酬（万元）	0.0198
				农业收入（万元）	0.0155
				林业收入（万元）	0.0340
				牧业收入（万元）	0.0244
				人均生产总值（2005 年可比价）（万元）	0.0083
		基本物质	0.1101	人均耕地面积（亩）	0.0038
				农作物播种面积（亩）	0.0045
				粮食作物产量（吨）	0.0060
				畜产品总产肉量（吨）	0.0337
				禽蛋产量（吨）	0.0421
				水产品产量（吨）	0.0571
				道路长度（公里）	0.0189
				农业机械总动力（千瓦）	0.0084
				人均居住面积（平方米）	0.0053
				用水普及率（%）	0.0003
				用气普及率（%）	0.0025
安全与健康需求	0.4700	安全	0.2779	周转粮食库存情况（万公斤）	0.0262
				年人均粮食拥有量（吨）	0.0046
				人均日生活用水量（升）	0.0071
				全年沙尘暴日数（天）	0.0890
				公安机关受理查处治安案件（件）	0.0200
				森林覆盖率（%）	0.0145

续表

要素层	权重	准则层	权重	指标层	权重
安全与健康需求	0.4700	健康	0.2691	环境空气质量（SO_2 排放量）（吨）	0.1512
				污水处理率（%）	0.0004
				污水年排放量（万平方米）	0.0280
				污水年处理量（万平方米）	0.0671
				床位数（张）	0.0148
				卫生技术人员（人）	0.0141
精神需求	0.2155	良好的社会关系	0.0656	年离婚数（对）	0.0178
				婚姻、家庭、继承纠纷数（件）	0.0966
				各类纠纷调解数（件）	0.0348
				社会办敬老院数（个）	0.0040
				社会福利事业单位（敬老院）员工人数（人）	0.0180
				社会福利事业人均供养金（元）	0.0182
				城镇居民低保人数（人）	0.0135
		文化教育	0.1104	成人高等学校在校生数总计（人）	0.0120
				小升初比例（%）	4.484E-06
				小学平均每个教师负担学生数（人）	0.0013
				初中平均每个教师负担学生数（人）	0.0025
				教育财政支出（万元）	0.0382
				图书馆数	0.0026
				艺术团送戏下乡数（次）	0.0101
				电视覆盖率（%）	0.0001

注：利用三次熵值法得到指标层、准则层及要素层各自权重，是一个不断递进的过程，而非简单的权重加和。

　　研究区居民福祉表现为基本需求、安全与健康需求和精神需求三层次，根据指标权值大小可以得知，安全与健康需求最大，其次为基本需求，而精神需求最小。从空间分布上看，库车市居民福祉最高、拜城县居民福祉次之、新和县居民福祉最小。11 年间，研究区居民福祉各要素层指标呈现波动变化过程（见图 4-10），其中，安全与健康需求的动态变化最显著，基本需求和精神需求表现为动态上升态势。2000~2002 年安全与健康需求福祉由不足 0.9 迅速提高至 1.8083，到 2003 年快速降低到 0.6582，为最低

值，2004～2005 年又大幅攀升，到 2005 年上升至最高，达到 2.0688，2006
年又大幅减少，2007 年开始又呈上升态势。福祉构成中的基本需求部分整
体呈现增长趋势，2001 年为最小值 0.9014，2010 年达到 11 年间的峰值
2.2532。从时间序列上看，精神需求福祉 2000 年为最小值 0.8308，2004 年
上升至 1.3329，到 2005 年又减少至 1.2566，2006～2008 年呈现增长趋势，
2009 年稍显减少，而在 2010 年上升至 11 年间的峰值 2.0659。

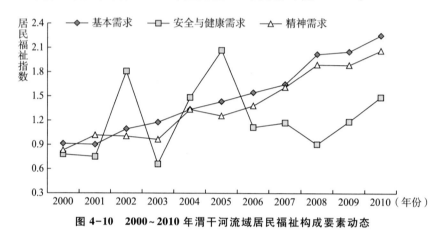

图 4-10　2000～2010 年渭干河流域居民福祉构成要素动态

　　渭干河流域上游地区和下游三县域的居民福祉及其构成要素变化表现
为时间动态性和空间差异性（见图 4-11 至图 4-13）。就居民福祉构成中
的基本需求而言，11 年间下游库车市的波动性最小；上游拜城县和下游
的沙雅、新和两县则表现为动态增加态势。就居民福祉构成中的安全与健
康需求而言，2000～2010 年下游库车市呈现微弱波动态势；上游拜城县和
下游的沙雅、新和两县 2007 年后呈现逐渐减少态势，2010 年则略有增
加。就居民福祉构成中的精神需求而言，2000～2010 年新和县的波动幅度
最显著，在 2004 年达到峰值，在 2008 年则达到了 11 年间的最小值；下
游沙雅县的精神需求于 2003 年降至最小值，2003～2010 年呈上升趋势；
库车市精神需求在 2002～2003 年变化幅度最大，从最小值升到 11 年间的
峰值；上游地区的精神需求在 2000～2005 年变化显著，2006～2010 年则
无明显变动。

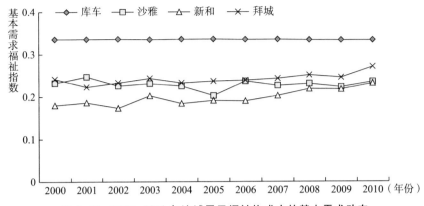

图4-11 2000~2010年流域居民福祉构成中的基本需求动态

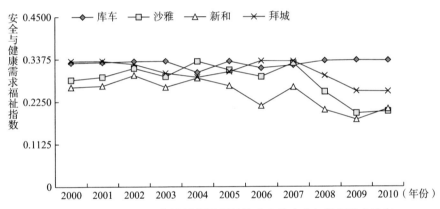

图4-12 2000~2010年流域居民福祉构成中的安全与健康需求动态

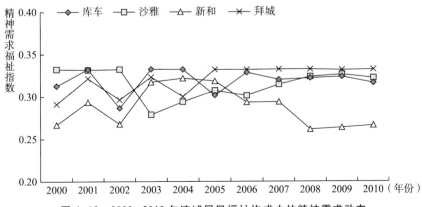

图4-13 2000~2010年流域居民福祉构成中的精神需求动态

（1）流域居民福祉构成中的安全与健康需求分析

流域居民福祉构成中安全与健康需求权值最大，高于基本需求与精神需求。其中，2002 年之前，拜城和库车的安全与健康需求福祉表现出相似的变化特征，在 2004 年库车的安全与健康需求福祉下降至 11 年间的最低值，在 2008~2010 年变化不明显；上游拜城县于 2007 年升至 11 年间的峰值，之后呈下降态势；下游新和县的安全与健康需求福祉的波动性最显著，在 2009 年达到最小值。

在流域居民安全与健康需求指标中安全的权值最大。2000~2010 年，安全福祉表现为上升态势；其中公安机关受理查处治安案件指标呈不断增长趋势，表明该流域居民居住环境中的不稳定因素有所增加，对该地区的社会稳定与经济发展产生不利影响。健康指标中，床位数和卫生技术人员两项指标对研究区居民福祉的贡献度最高，2000 年全流域床位数和卫生技术人员对流域居民福祉的贡献率分别达到了 1.43% 和 1.29%。2003 年SARS 事件之后，2004 年床位数和卫生技术人员数与 2003 年相比增长显著，对健康指标在流域居民福祉中的贡献度的提升作用明显。2000 年后，流域工业的快速发展，引起 SO_2 排放量呈增长趋势（见表 4-7），对流域大气环境产生了较大影响，导致流域居民健康福祉的下降。因此，流域环境保护部门应加大对工业废气排放的监管，提升流域环境质量，提升居民福祉水平。

表 4-7　2000~2010 年研究区 SO_2 排放量动态变化

单位：吨

年份	库车	沙雅	新和	拜城
2000	1215	621	408	695
2001	1017	628	419	700
2002	900	540	360	576
2003	854	560	300	490
2004	400	110	120	2150
2005	7165	11	39	750

续表

年份	库车	沙雅	新和	拜城
2006	7466	15	83	6476
2007	9346.08	359.27	216.31	6592.7
2008	182	288.24	428	2100
2009	220	500.91	1301.77	2273.84
2010	7113	470	1414	5970

（2）流域居民福祉构成中的基本需求分析

流域居民基本需求权值低于安全与健康需求，在基本需求的构成指标中，基本收入指标的权值最高，对流域居民福祉的贡献率达到了17.50%。在空间分布上，库车市的基本需求福祉在整个流域所辖县域单元中最高，而新和县最弱，但在11年间表现为动态增加态势，在2010年达到了下游的沙雅县的基本需求水平。基本收入指标中，居民福祉受农业收入和城镇单位从业人员劳动报酬影响最大。城镇单位从业人员劳动报酬由高到低依次表现为库车市>拜城县>沙雅县>新和县。2000~2010年，库车市农业收入从6.3亿元上升至14.98亿元，上升了137.78%；沙雅县则由6.12亿元上升至18.39亿元，上升了200.49%；新和县的农业收入上升了307.96%；拜城县的农业收入从2.87亿元上升至8.44亿元，上升了194.08%。沙雅县的农业收入和农民年人均纯收入排名靠前。拜城县作为流域生态系统服务的"源"区，对于整个流域的生态安全产生极其重要的影响，因此，新疆维吾尔自治区水环境功能区划和主体功能区规划对该区域有更为严苛的界定和更高的生态环境标准。其工业和农业发展机会成本与下游相比较高，因此，该区域的农民年人均纯收入远低于流域平均水平。

基本物质指标对流域居民福祉的贡献度达到了9.93%，在基本物质指标的构成中，农业机械总动力、人均耕地面积、道路长度、禽蛋产量等福祉指标在研究期内有了较大增长。由于居民基本收入的增加以及地方政府的农业支持政策、农机补贴政策的实施，2010年农业机械总动力相比2000年上升了约1.24倍，达到20.72万千瓦。流域下游的沙雅县南部用地类型为荒漠，占该区域用地面积的约 80%；沙雅北部为冲积扇平原，集中了该县的绝大多数人口和农产品种植，耕地面积达到 77.85 万亩，人均耕地面积高于流域的其他三县域，2000~2010 年该县人均耕地面积从 3.79 亩增加至 4.72 亩，净增 0.93 亩。基本收入水平的上升有利于流域居民日益增长的基本物质需求得到不断满足。

（3）流域居民福祉构成中的精神需求分析

精神需求的权值在流域居民福祉要素层中表现最小，在精神需求的构成指标中，文化教育指标的权值达到了 0.1104，良好的社会关系指标的权值达到了 0.0656。良好的社会关系指标构成中年离婚数和婚姻、家庭、继承纠纷数呈现增加趋势，表明渭干河流域居民家庭生活的和睦程度及流域居民对家庭生活的满意度不断下降，上述指标的变化对流域居民的精神需求福祉产生了负面作用。文化教育指标构成方面，虽然流域政府对文化教育高度重视，不断加大教育财政支出，但小升初比例依然不高。尽管国家免除了 9 年义务教育的学费，在很大程度上缓解了居民的教育投资压力，然而流域农牧民未能真正从思想上高度关注子女的学习，文盲及半文盲人员在流域人口构成中占很高的比重，并成为流域居民，尤其是农牧民精神需求福祉改善的重要瓶颈。国内相关研究也证实了渭干河流域居民对生态系统服务的支付意愿与流域农牧民的学历正相关（乔旭宁等，2012），因此，为了提升流域居民福祉、改善流域生态环境，要加强对生态环境重要性的宣传，提高流域居民的受教育水平和精神需求水平。

第四节　流域生态系统服务价值的流动性对居民福祉的影响

在研究区生态系统服务价值空间转移规律研究与流域农牧民福祉计算的基础上，采用格兰杰因果关系检验（Granger Causality Test，GCT）方法，分析流域生态系统服务价值的流动性与居民福祉之间的作用关系；利用灰色关联模型，分析各种生态系统服务对居民福祉构成要素的作用过程。

一 流域生态系统服务的流动性与居民福祉的因果关系

GCT 是用来研究时间序列变量之间的因果关系的研究方法，被广泛应用于应用经济学的研究中。运用 GCT 方法可以检验流域生态系统服务价值的流动性与流域居民福祉间的格兰杰因果关系。研究以渭干河流域为例，对该流域的生态系统服务转移价值量（ESVs）和居民福祉指标值（HWs）间是否存在因果关系进行验证。

（一）平稳性分析

一般情况下，开展 GCT 的前提条件为：时间序列数据必须保证平稳。假如时间序列为非平稳序列，则要求对非平稳序列数据做差分变换或者对原时间序列做对数形式变换，最终保障数据序列成为平稳的时间序列。

基于 Eviews 8.0 软件平台，利用 ADF（单位根检验）对生态系统服务转移价值量和居民福祉指标值进行平稳性检验（见表4-8）。流域居民福祉指标值的 ADF 值为-3.894，小于1%、5%及10%条件下的临界值，因此，该数据序列不存在单位根，为平稳序列。流域生态系统服务转移价值量 ADF 值为-1.358，大于1%、5%及10%条件下的临界值，故该数据序列有单位根，为不平稳序列，需要对该数据序列做一阶差分变换。

表4-8 渭干河流域生态系统服务转移价值量和居民福祉指标值的平稳性检验

变量	ADF 统计值	1%临界值	5%临界值	10%临界值	结论
ESVs	-1.3581	-3.6537	-2.9571	-2.6174	非平稳
HWs	-3.8940	-3.6537	-2.9571	-2.6174	平稳

生态系统服务转移价值量一阶差分的数据序列的 ADF 值小于1%、5%及10%条件下的临界值，因此，该数据序列不存在单位根，一阶差分平稳（见表4-9）。

生态红线对居民福祉的影响及补偿策略

表 4-9　渭干河流域生态系统服务转移价值量的平稳性检验

变量	ADF 统计值	1% 临界值	5% 临界值	10% 临界值	结论
D（ESVs）	-6.7049	-3.6617	-2.9604	-2.6192	平稳

（二）VAR 模型检验

VAR 模型（向量自回归模型）可以有效预测存在关联的时间序列变量。运用 VAR 模型测定时间序列变量的滞后期阶数，具体步骤如下。

选取流域生态系统服务转移价值量（ESVs）和流域居民福祉指标值（HWs），分别求其自然对数，可以获得变换后的两个时间序列 ln（ESVs）和 ln（HWs）。VAR 模型的一般表达式为：

$$\ln ESVs = C(1,1)\times\ln ESVs(-1)+C(1,2)\times\ln ESVs(-2)+C(1,3)\times\ln HWs(-1)+C(1,4)\times\ln HWs(-2)+C(1,5)$$

$$\ln HWs = C(2,1)\times\ln ESVs(-1)+C(2,2)\times\ln ESVs(-2)+C(2,3)\times\ln HWs(-1)+C(2,4)\times\ln HWs(-2)+C(2,5)$$

VAR 模型取代系数为：

$$\ln ESVs = 0.631925711127\times\ln ESVs(-1)+0.277236289939\times\ln ESVs(-2)+0.0643852276992\times\ln HWs(-1)+0.265321013994\times\ln HWs(-2)+0.594871128118$$

$$\ln HWs = -0.245863358877\times\ln ESVs(-1)+0.102147259132\times\ln ESVs(-2)+0.168138176639\times\ln HWs(-1)-0.0199469562308\times\ln HWs(-2)-1.03908783423$$

为验证 VAR 模型的稳定性，引入特征方程根的倒数进行判断。如果该数值<1，表明所检验的 VAR 模型是稳定的，可以用于确定协整检验和因果关系检验的滞后期。研究中所使用的 VAR 模型特征方程根的倒数值都在图 4-14 的单位圆内，该 VAR 模型稳定，能用来判断流域 ESVs 和 HWs 两大时间序列变量的滞后期阶数。

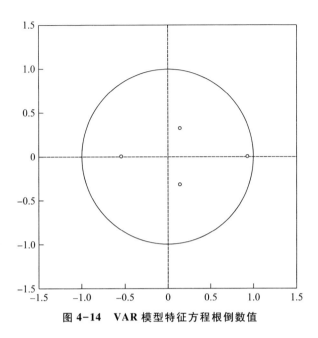

图 4-14　VAR 模型特征方程根倒数值

进行协整检验分析需要确定 VAR 模型的合理滞后期，根据统计量评价结果进行判断（见表 4-10），最佳滞后期数为 4。

表 4-10　VAR 模型滞后期判断

滞后期数	LogL	LR	FPE	AIC	SC	HQ
0	-34.7132	NA	0.052017	2.719498	2.815485	2.748040
1	-17.6844	30.2735	0.019851	1.754398	2.042362*	1.840025
2	-16.3114	2.2375	0.024280	1.948992	2.428932	2.091703
3	-11.4288	7.2335	0.023100	1.883614	2.555529	2.083409
4	-3.1878	10.9820*	0.017365*	1.569466*	2.433357	1.826346*
5	-1.7673	1.6836	0.022041	1.760538	2.816405	2.074503
6	0.0038	1.8367	0.027976	1.925642	3.173485	2.296691

注：*代表最小滞后期。

（三）时间序列数据的协整关系验证

时间序列数据的长期均衡关系可以用协整方程来表征。该方程是指一组非平稳数据构成了相对稳定的线性关系，该关系不存在随机趋势。本研究根据 Johansen 的研究思路进行时间序列数据的协整检验。对于零假设 r = 0，检验在 5% 显著水平进行，若统计量 T 值大于 5% 显著水平的临界值，可以判断 ln（ESVs）与 ln（HWs）间存在协整关系；对于零假设 r≤1，检验在 5% 显著水平进行，若统计量 T 值大于 5% 显著水平的临界值，可以断定 ESVs 和 HWs 两个变量间存在长期协整关系（见表 4-11）。

表 4-11　时间序列数据的协整关系验证

零假设	特征值	迹统计值（T 值）	5%显著水平临界值	p 值	结论
r = 0	0.320464	17.09165	15.49471	0.0285	通过
r≤1	0.152105	5.114956	3.841466	0.0237	通过

（四）时间序列数据的 GCT 检验

通过协整检验得知 ESVs 与 HWs 两个时间序列数据间存在长期协整关系，研究选取 4 为最佳滞后期数，进一步运用 GCT 检验两组时间序列数据间是否存在因果关系。

根据 GCT 检验结果（见表 4-12），原假设"居民福祉不是生态系统服务空间转移的格兰杰原因"的 p 值为 0.3640，未通过显著性检验，表明居民福祉并不是生态系统服务空间转移的推动因素，接受原假设；原假设"生态系统服务空间转移不是居民福祉的格兰杰原因"在 5% 显著水平上检验显著，表明生态系统服务空间转移成为推动居民福祉变化的显著力量，拒绝原假设。

表 4-12　ESVs 与 HWs 两个时间序列数据的格兰杰因果关系检验

原假设	F 值	p 值	结论
居民福祉不是生态系统服务空间转移的格兰杰原因	1.1455	0.3640	接受
生态系统服务空间转移不是居民福祉的格兰杰原因	2.1782	0.0000	拒绝

根据上述检验方法与流程，对研究区不同类型的生态系统服务转移价值与流域居民福祉的构成指标进行 GCT 检验（见表 4-13），可以判断流域生态系统服务内部构成与居民福祉构成要素变化之间的因果关系。

流域生态系统构成具有复杂性特征，流域居民福祉构成要素具有多维性特点。参考国内学者的研究文献，例如：张宝友等（2012）研究我国区域矿产资源与区域经济发展关系时，选取 10% 显著水平，滞后期为 2，并证实二者互为格兰杰原因；孔凡文等（2010）在研究地价和房价关系时，选取 10% 显著水平，滞后期为 3，并证实房价是地价的格兰杰原因，而沈阳市地价对房价的作用不明显。因此，在研究流域生态系统服务空间转移与流域居民福祉的关系时，选取 10% 显著水平进行检验。结果表明，在 10% 显著水平下，拒绝原假设，流域不同生态系统服务空间转移值与流域居民福祉的变化存在如下因果关系：基本收入是农田、草地、湿地、森林、河流、荒漠的格兰杰原因，健康是草地、河流、湿地、农田的格兰杰原因，河流是基本收入、文化教育的格兰杰原因，森林、荒漠是健康的格兰杰原因。如果选取 5% 显著水平，荒漠是健康的格兰杰原因，基本收入是森林、湿地、草地、河流、荒漠的格兰杰原因。

表 4-13 对不同类型生态系统服务转移价值与流域居民福祉的构成指标进行 GCT 检验

原假设	F 值	p 值	结论
基本收入不是草地的格兰杰原因	5.18766	0.0130	拒绝
草地不是基本收入的格兰杰原因	0.94080	0.4037	接受
健康不是草地的格兰杰原因	2.85376	0.0758	拒绝
草地不是健康的格兰杰原因	2.23712	0.1269	接受
健康不是河流的格兰杰原因	2.85299	0.0758	拒绝
河流不是健康的格兰杰原因	1.89499	0.1706	接受
河流不是基本收入的格兰杰原因	2.63264	0.0741	拒绝
基本收入不是河流的格兰杰原因	3.09266	0.0469	拒绝
荒漠不是健康的格兰杰原因	5.68017	0.0351	拒绝
健康不是荒漠的格兰杰原因	0.44847	0.8603	接受
基本收入不是荒漠的格兰杰原因	5.75534	0.0088	拒绝
荒漠不是基本收入的格兰杰原因	1.49742	0.2431	接受
健康不是农田的格兰杰原因	2.84342	0.0764	拒绝
农田不是健康的格兰杰原因	2.25116	1.254	接受
基本收入不是农田的格兰杰原因	3.75671	0.0624	拒绝

续表

原假设	F 值	p 值	结论
农田不是基本收入的格兰杰原因	1.18630	0.2850	接受
森林不是健康的格兰杰原因	3.25560	0.1034	拒绝
健康不是森林的格兰杰原因	0.68606	0.7067	接受
基本收入不是森林的格兰杰原因	3.29729	0.0385	拒绝
森林不是基本收入的格兰杰原因	1.92721	0.1533	接受
健康不是湿地的格兰杰原因	2.89326	0.0734	拒绝
湿地不是健康的格兰杰原因	2.19472	0.1316	接受
河流不是文化教育的格兰杰原因	2.28665	0.1005	拒绝
文化教育不是河流的格兰杰原因	0.55276	0.6514	接受
基本收入不是湿地的格兰杰原因	5.39100	0.0113	拒绝
湿地不是基本收入的格兰杰原因	0.88975	0.4234	接受

（五）流域生态系统服务空间转移与居民福祉的因果关系

计算结果表明，在渭干河流域，生态系统服务的转移价值是居民福祉变化的格兰杰原因，流域生态系统服务价值的空间流动性直接影响流域居民福祉的变化。具体而言，流域不同类型生态系统服务和居民福祉构成要素间的格兰杰关系表现为：

基本收入是森林、湿地和草地的格兰杰原因，即居民基本收入构成中相关指标的增长可以促进流域上游森林、湿地和草地生态系统服务向下游转移价值量的增加；反之则不成立，即上游森林、湿地和草地生态系统服务向下游转移价值量的上升不会导致居民基本收入各构成指标的增长。2000～2010年研究区库车、沙雅、新和及拜城四个行政单元的居民基本收入呈上升态势（见图4-15）。随着研究区域工业化和城镇化的推进，流域农牧民及城镇居民的基本收入水平呈现逐年上升态势，流域居民在基本需求得到满足的同时日益关注生态环境等安全与健康需求。伴随2008～2010年对荒山荒地开展植树造林（见表4-14），森林、草地覆盖面积增大，起到改善空气质量、美化生态环境的作用，还能产生如调节气候、保护生物多样性、防沙固沙、防治水土流失等生态功能。

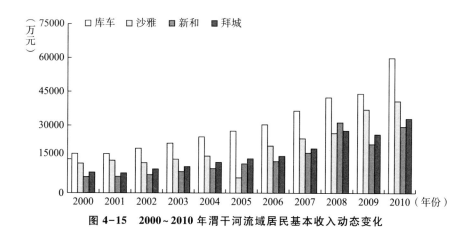

图 4-15　2000~2010 年渭干河流域居民基本收入动态变化

表 4-14　2008~2010 年渭干河流域荒山荒地造林面积

单位：公顷

年份	荒山荒地造林面积			
	库车	沙雅	新和	拜城
2008	2782.53	3062.20	1633.53	345.13
2009	7533.00	2487.00	1001.60	801.00
2010	2054.00	506.33	42.00	423.00

　　流域居民的基本收入与农田和荒漠生态系统服务的提供存在格兰杰因果关系，前者是后者的原因。伴随流域城镇居民可支配收入和农牧民人均纯收入的不断增加，以及中央和地方对农作物种植业的补贴和优惠政策，诸如粮食最低限价收购、农资综合补贴、良种补贴和农机补贴等实施力度不断加大，科技创新在粮食作物种植过程中及牲畜养殖中的贡献度不断提升，使流域农牧民具有了较强烈的种植意愿和牲畜养殖意愿。在研究区的南部分布有大面积的沙漠，沙漠面积的扩张不仅对流域当地居民的生产和生活产生了重大影响，还会对流域上游地区及相邻地区产生重大影响。流域居民基本收入的增加，使其生态环境保护意识得到提升，会加强防风固沙及荒漠化的防治工作。

　　河流生态系统与流域居民的基本收入间具有双向的格兰杰因果关系，河流生态系统与流域居民的基本收入福祉构成互为因果关系，河流生态系统向下游转移的生态系统服务价值量是流域居民基本收入上升的重要原因，与之相对应，流域居民的基本收入提升也在一定程度上提升了河流生态系统服务价值的空间转移量。总体而言，流域上游居民的收入水平和福祉水平比下游要低，上游河流生态系统向下游转移的生态系统服务价值上升，下游居民从生态系统中获得的各类惠益随之增长；流域居民的基本收入的增加会使人们的生态保护意识增强，进而采取生态建设措施促进流域生态环境的保护与恢复。

流域森林生态系统和荒漠生态系统是流域居民健康福祉的格兰杰原因；流域居民健康福祉是湿地、河流及草地生态系统的格兰杰原因。流域森林覆盖度的提升，会产生较强的调节功能、支持功能和文化功能，不仅可以改善流域大气质量，还能直接提供休闲和娱乐功能，流域居民从上述功能中直接受益，提升了健康福祉水平。流域生态系统服务与居民福祉之间存在比较复杂的作用关系，并非皆为正向相关，例如流域荒漠生态系统服务空间转移价值量的上升，可能导致流域居民福祉的下降。研究区正处于工业化进程的初期阶段，在该阶段生态环境表现为不断恶化，其程度随区域经济的增长呈现加剧态势，当经济增长至某一临界点，伴随人均收入水平的提升，生态保护与环境治理力度不断加大，生态环境恶化的程度呈下降态势，生态环境质量不断趋好，这就是环境库兹涅茨曲线表现出的规律性，整个过程呈倒"U"形。在渭干河流域，库车市的工业增加值所占比重最高，有较强的代表性。2000～2002年为污染阶段，该县第二产业快速发展，以工业为主的废水排放量迅速上升，由于污染行为具有环境外部性、市场准入门槛低等因素，污水处理能力不足，污水处理率呈下降趋势。2003～2008年为拮抗阶段，即污染与治理共存，不断对抗阶段。该阶段污染物的排放量基本达到了最大，与此同时，政府也提升了企业准入的门槛，并制定了排放标准及污染许可等，加大了治理力度，污染与治理处于角逐状态。2009～2010年为治理阶段，伴随流域居民收入水平的提升和经济的增长，居民对美好生活的诉求不断加强，污水处理技术与惩治措施进一步完善，污水处理率迅速提升，至2010年达到了100%（见图4-16）。随着流域居民对与自身福祉密切相关的生态环境的关注，国家及地方出台了一系列生态环境保护政策，如生态保护红线、生态补偿等，环境污染与生态破坏行为受到了严厉惩处，生态环境在保护和治理的基础上不断趋好，流域各类生态系统的调节功能和支撑功能不断加强，居民福祉得到改善。

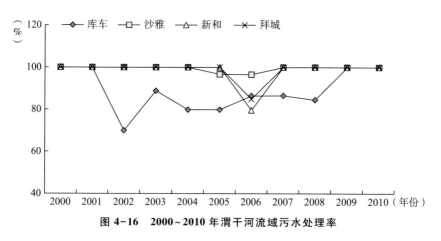

图 4-16　2000~2010 年渭干河流域污水处理率

河流生态系统对流域居民的文化教育福祉产生了重要影响，是后者的格兰杰原因。在我国西北干旱区，河流作为重要的生态系统，其发育和演化与陆地水生物的栖息与繁衍休戚相关，是人类生存和发展的重要资源基础。同样，人类文明的产生和发展与河流密切相关。河流孕育了生命，也产生了流域文明。渭干河流域是我国最长的内陆河流域——塔里木河流域的九大支流之一，流域面积大约 2.79 万 km²，绿洲沿河流呈珠状离散分布，该区域的河流与湖泊孕育了绿洲文明，是流域社会经济文化发展的保障。

二　流域生态系统服务的流动性与流域居民福祉间的交互作用

（一）计量模型和方法

地理系统是一类典型的灰色系统。灰色系统理论是由我国学者邓聚龙教授于 20 世纪 80 年代首创的一种系统科学理论。它主要包括灰色系统建模理论、灰色系统控制理论、灰色系统关联分析方法（简称灰色关联法）、灰色系统预测方法等（邓聚龙和周朝顺，1987）。灰色关联法是依据各因素之间发展趋势的相似或相异程度衡量因素间关联程度的一种方法。它通过灰色关联度来直接表征两组事物的几何贴近程度，直接可靠，计算方便。选用灰色关联法测算流域生态系统服务的流动性和居民福祉间的交互作用关系，可以较好地揭示流域上游的哪些生态系统提供的何种服务类型对下游居民的哪类福祉构成要素产生了影响以及影响多大，步骤如下。

（1）确定影响流域生态系统服务与居民福祉的指标

2000~2010 年流域各县市生态系统及其提供的各类服务和流域居民福祉构成要素具体指标在前文已有表述。

（2）对原始数据做标准化处理，计算公式如下：

$$X_{ij} = \frac{x_{ij} - \overline{x_j}}{s_j} \tag{4-9}$$

X_{ij} 代表第 i 行第 j 列的标准化值，x_{ij} 代表第 i 行第 j 列的原始值，$\overline{x_j}$ 代表第 j 列的平均值，s_j 代表第 j 列的标准差。其中，$i = 1$，2，$\cdots$，n；$j = 1$，2，$\cdots$，n。

（3）分辨率系数 $\rho = 0.5$，关联系数 $\zeta_i(k)$ 表示为：

$$\zeta_i(k) = \frac{\min(i)\min(k) \left| Z_0(k) - Z_i(k) \right| + \rho\max(i)\max(k) \left| Z_0(k) - Z_i(k) \right|}{\left| Z_0(k) - Z_i(k) \right| + \rho\max(i)\max(k) \left| Z_0(k) - Z_i(k) \right|} \tag{4-10}$$

式中，$Z_0(k)$、$Z_i(k)$ 分别代表目标序列与因素序列，i 代表因素指标个数，k 代表样本数。

（4）求出灰色关联度 R_i：

$$R_i = \sum_{i=1}^{n} \zeta_i(k) \quad (i = 1, 2, \cdots, n) \tag{4-11}$$

（5）求出各项指标与目标序列的灰色关联度 D_i：

$$D_i = \frac{1}{k} \sum_{j=1}^{k} R_i \quad (i = 1, 2, \cdots, n) \tag{4-12}$$

关联度 D_i 值反映了流域生态系统服务与流域居民福祉两个数据序列间的作用关系，D_i 值越大则说明两个序列间的关系越密切。如果 $0 < D_i \leqslant 1$，表明两个数据序列间存在一定的关联，D_i 值越大，关联性越强，作用关系越强，反过来也是如此。具体而言，当 $0 < D_i \leqslant 0.35$ 时，表示弱关联，两个序

列间作用关系弱；当 $0.35<D_i≤0.65$ 时，表示中度关联，两个序列间作用关系中等；当 $0.65<D_i≤0.85$ 时，表示较强关联，两个序列间作用关系较强；当 $0.85<D_i≤1$ 时，表示极强关联，两个序列变化规律接近相同，作用关系极强（乔旭宁等，2012）。

（二）流域生态系统服务与流域居民福祉间交互作用

研究区生态系统服务与居民福祉间存在较强的关联，其灰色关联度为 0.6580，两大系统间的作用关系较强（见表4-15）。其中，流域生态系统服务对流域居民福祉构成中基本需求的作用最强，灰色关联度为 0.6634；而生态系统构成中的农田生态系统对流域居民福祉的作用最强，灰色关联度为 0.7036。从流域生态系统服务和居民福祉构成要素来看，流域农田生态系统与福祉构成中的基本需求的关联程度最强；流域农田生态系统与流域居民福祉构成中的安全与健康需求的关联程度最强；流域农田生态系统与流域居民福祉构成中的精神需求的关联程度最强，灰色关联度为 0.7252。

表4-15　流域各类生态系统服务与居民福祉构成要素间的灰色关联度

居民福祉	森林	草地	农田	湿地	河流	荒漠	价值总量
基本需求	0.6349	0.6454	0.7037	0.5660	0.5236	0.6196	0.6634
安全与健康需求	0.6474	0.6497	0.6819	0.5949	0.5545	0.5986	0.6632
精神需求	0.6780	0.6327	0.7252	0.5477	0.5180	0.5931	0.6475
合计	0.6534	0.6426	0.7036	0.5695	0.5320	0.6038	0.6580

（三）流域生态系统服务的空间流动性与居民福祉的作用关系

研究区生态系统服务的空间转移量与居民福祉间存在中度关联，其灰色关联度为 0.5236（见表4-16），两大系统间的作用关系为中等，渭干河流域生态系统服务的空间转移对该区域居民福祉产生了一定程度的影响。其中，流域上游森林生态系统服务的空间转移量对流域居民福祉的影响程度最大，灰色关联度为 0.5317；河流生态系统对流域居民福祉的作用次之，灰色关联度为 0.5256；而流域荒漠生态系统对流域居民福祉的作用最小，灰色关联度仅为 0.5081。从流域居民福祉构成要素来看，流域居民福祉中的安全与健康需求要素与流域生态系统服务的转移价值作用关系最强，灰色关联度为 0.5780。流域政府应当关注上游的生态系统保护与恢复，尤其是植树造林工程及退耕还林工程的可持续性，这是整个流域生态安全和居民福祉得到保障与提升的基础。

表 4-16 流域上游生态系统服务转移价值与流域居民福构成要素间的灰色关联度

居民福祉	森林	草地	农田	湿地	河流	荒漠	转移价值量
基本需求	0.5160	0.5095	0.5070	0.5078	0.5112	0.4918	0.5092
安全与健康需求	0.5830	0.5785	0.5766	0.5779	0.5786	0.5726	0.5780
精神需求	0.4961	0.4840	0.4786	0.4808	0.4869	0.4600	0.4836
总计	0.5317	0.5240	0.5207	0.5222	0.5256	0.5081	0.5236

第五节　研究发现与政策启示

研究选取我国西北最大内陆河塔里木河流域的九大支流之一的渭干河流域为靶区，以 ArcGIS 为软件平台，集成了断裂点方法与场强模型，建立了流域生态系统服务的空间流动性测算模型与方法，分析了流域上游向下游转移的生态系统服务的类型、特征与数量。同时，以国际上主流研究对人类福祉的定义为依据，结合渭干河流域社会经济特征，构建了流域居民福祉要素评价体系，运用熵值法计算各要素的权值。通过测算流域生态系统服务空间流动性及居民福祉的动态特征，基于 Granger 因果关系检验及灰色关联模型分析流域生态系统服务的空间转移价值与流域居民福祉的交互作用关系。

（1）流域生态系统服务价值量总体表现为动态上升态势，上游向下游沙雅县转移生态价值的强度最弱，向库车市转移生态价值的强度居中，向新和县转移生态价值强度最强，符合空间距离衰减法则。

2000~2010 年，渭干河流域生态系统服务价值从 236.81 亿元上升至 262.77 亿元。11 年间，上游拜城县向下游转移的生态系统服务价值表现为先减少后动态增加，于 2008 年达到最大值。2000～2010 年，上游地区向下游库车市转移的生态系统服务价值增加了 0.35 倍，向新和县转移的生态系统服务价值增加了 0.44 倍，向沙雅县转移的生态系统服务价值增加了 0.20 倍。该研究结果为流域上下游间生态补偿对象的确定及补偿标准的制定提供了科学依据。

（2）流域居民福祉呈现多层次性和动态性，研究区居民福祉的重要性表现为安全与健康需求最高，然后为基本需求，精神需求最低，并在空间上表现为库车市>拜城县>沙雅县>新和县的福祉分异特征。

11 年间，研究区的居民福祉水平表现为动态增长态势，流域居民的基本需求水平整体高于安全和健康需求水平以及精神需求水平。从渭干河流域居民福祉的构成来看，安全与健康需求福祉变化幅度大，在福祉中所占比重最高；基本需求福祉和精神需求福祉呈波动上升的趋势，2000～2010 年精神需求福祉从最低波动上升至最高。

（3）流域生态系统服务的空间转移价值与居民福祉构成要素间存在显著的因果关系。

研究结果表明，原假设"居民福祉不是生态系统服务空间转移的格兰杰原因"的 p 值为 0.3640，未通过显著性检验，表明居民福祉并不是生态系统服务空间转移的推动因素，接受原假设；原假设"生态系统服务空间转移不是居民福祉的格兰杰原因"在 5% 显著水平上检验显著，表明生态系统服务空间转移成为推动居民福祉变化的显著力量，拒绝原假设。同时，流域生态系统服务的转移价值（ESVs）和流域居民福祉（HWs）呈现长期协整关系。

（4）流域生态系统服务的静态价值和动态转移价值都与流域居民福祉之间具有较强的交互作用关系。

从生态系统服务的域内静态效应来看，二者存在较强关联，灰色关联度达到 0.6580，其中，流域生态系统服务对流域居民福祉中基本需求影响最大，而流域农田生态系统对居民福祉的影响最大。就域外动态效应而言，二者存在中等关联，灰色关联度为 0.5236，其中，上游森林生态系统向下游转移的生态系统服务价值与流域居民福祉的关联度最大，河流生态系统与流域居民福祉的关联程度次之，而流域荒漠生态系统与居民福祉的关联度最小；流域居民的安全与健康需求与流域生态系统服务的转移价值的关联度最大。

参考文献

［1］ 邓聚龙，周朝顺，1987. 灰色系统稳定性充分条件及其在线性时变系统稳定性分析中的应用. 信息与控制，(4)：24-27.

［2］ 孔凡文，于淼，才旭，2010. 如何促进辽宁省县域房地产健康发展. 辽宁经济，(2)：19.

［3］ 李文华，张彪，谢高地，2009. 中国生态系统服务研究的回顾与展望. 自然资源学报，24 (1)：1-10.

［4］ 乔旭宁，常春勤，陈小素，等，2012. 资源与区域发展. 北京：煤炭工业出版社.

［5］ 乔旭宁，杨永菊，杨德刚，2012. 流域生态补偿研究现状及关键问题剖析. 地理科学进展，31 (4)：395-402.

［6］ 乔旭宁，杨永菊，杨德刚，2011. 生态服务功能价值空间转移评价——以渭干河流域为例. 中国沙漠，31 (4)：1008-1014.

［7］ 秦艳红，康慕谊，2007. 国内外生态补偿现状及其完善措施. 自然资源学报，22 (4)：557-566.

［8］ 肖玉，谢高地，安凯，2003. 莽措湖流域生态系统服务功能经济价值变化研究. 应用生态学报，14 (5)：676-680.

［9］ 谢高地，甄霖，鲁春霞，等，2008. 一个基于专家知识的生态系统服务价值化方法. 自然资源学报，23 (5)：911-919.

［10］ 张宝友，肖文，朱卫平，2012. 我国区域矿产资源竞争力评价及与区域经济相关性研究. 自然资源学报，27 (10)：1623-1634.

［11］ Costanza R，d'Arge R，De Groot R，et al.，1997. The value of the world's ecosystem services and natural capital. *Nature*，387：253-260.

［12］ Groot R，2002. A typology for the classification description and valuation of ecosystem functions，goods and services. *Ecological Economics*，40：393-408.

［13］ Guo Z W，Xiao X M，2000. An assessment of ecosystem services：Water flow regulation and hydroelectric power production. *Ecological Applications*，10 (3)：925-936.

第五章　流域生态补偿机制构建

本章导读

➤ 利用条件价值评估技术，通过发放调查问卷及访谈的形式对生态环境恢复和保护的居民支付意愿进行研究。

➤ 影响流域居民支付意愿的因素主要包括居民的文化程度、家庭总收入、家庭人口、住房距城镇距离等。文化程度、家庭总收入与支付意愿正相关，家庭人口多的大多数居民有较高的支付意愿。

➤ 为了更加合理利用环境资源，提高流域居民的支付意愿，研究提出了提高流域居民家庭收入水平、加强对流域环保意识的教育和宣传、提升流域居民的受教育程度、促进生态环境的恢复与保护等对策。

第一节　基于条件价值评估法的流域居民生态补偿

淮河流域上游地区作为整个流域的生态源，在生态环境保护方面做出了重要贡献，但是生态环境产品的公共物品特性，使得上述成本无法通过市场机制得到体现，已经严重影响到流域居民的福祉。因此，借鉴国内外的经验，可基于污染者付费、保护者受益原则，建立生态补偿机制，即根据流域自身范围内的实际状况，以外部性理论为基础，以政府为主导，整合流域内生态保护资金渠道，对流域内不同区域的生态经济系统构成要素进行重新配置，解决市场机制失灵所引起的经济外部性问题，采取惩罚和激励相结合的方式开展流域生态补偿。淮河流域的生态环境保护与恢复已经迫在眉睫，但流域生态环境的受损程度尚不清楚，无法制定合理的补偿标准和实施相应的补偿模式。本章基于条件价值评估法（CVM）以及实地调查所获得的数据资料，以淮河流域上游地区为研究对象，运用相关的模型分析工具，找出影响生态补偿的关键要素及影响居民支付意愿的显著因素，为流域生态补偿机制的建立和实施提供依据。

一　国内外研究动态

生态补偿为一种生态环境保护手段。在国外，多数研究集中在对包括生态补偿内涵与外延、补偿主体对象、补偿标准、补偿原则和补偿方式等在内的补偿框架的设计和补偿效果评价等问题的探讨，而研究的基础是生态系统服务价值的评估。上述研究对于促进生态服务市场化、改善生态质量、增强人们的生态保护意识等起到重要作用，已成为流域生态补偿的关键问题（乔旭宁等，2012），也是制约流域生态安全与可持续发展的核心问题。流域生态系统服务具有"公共物品"的特征，虽然没有市场价格，却产生了现存价值、遗赠价值及非使用价值，这些价值可通过调查流域居民的支付意愿来确定（Loomis and Walsh，1997）。

Davis（1963）最早应用 CVM 方法测算缅因州林地休闲娱乐价值。之后相关学者运用该方法设计调查问卷，以 South Platte 河流域为研究区域，构建统计模型（Loomis et al.，2000），对居民就减少重金属污染而额外支付较高的水费进行了个人支付意愿调查，结果表明每户愿意每月支付 4.5 美元（Greenley et al.，1982）。该方法在国内的相关流域研究也得到广泛应用。在西北黑河流域，学者运用 CVM 方法测算了当地居民对恢复张掖地区生态系统服务的最大支付意愿（张志强等，2002）；对额济纳旗地区的研究结果表明当地居民愿意为恢复生态服务付费，所支付费用低于实际需要的恢复成本（Xu et al.，2003）；在渭干河流域，基于支付卡及单边界二分法等问卷诱导技术对农业灌溉用水及生态系统服务恢复的支付意愿展开研究，证实了 CVM 方法的可靠性（乔旭宁等，2012，2018）。在东部地区相关流域的研究中，CVM 方法也得到了应用，其可行性也得到了有效验证，如国内学者运用 CVM 方法测算了金华江流域居民的生态服务支付意愿并进一步分析了影响支付方式的各类因素（郑海霞等，2010）。杨凯和赵军（2005）计算了城市内河的生态系统服务价值，通过对国内外不同问卷诱导技术进行比较，分析了不同技术条件下产生偏差的原因，并指出了 CVM 方法在评估生态系统非使用价值中的有效性和可行性。国内外研究成果在流域生态系统服务的价值评估方面提供了重要的理论和方法依据。通过利用条件价值评估法对流域生态系统服务价值进行计算、对其影响因子展开分析，可分析该流域居民支付意愿和影响因素，为流域上下游间开展生态补偿提供研究基础。

二　河南省淮河流域居民生态补偿意愿分析

（一）条件价值评估法概论

条件价值评估法是一种典型的陈述偏好法，它的前提假设是环境要素具有"投标竞争"和"可支付性"的特征。CVM 方法以传统福利经济学为理论基础，依据效用最大化原理，假定消费者效用不变，通过假想市场，询问调查对象某种资源环境产生变化时的支付意愿。CVM 能够评估环境总经济价值，包括使用价值和非使用价值，是目前应用最广泛的关于环境公共物品价值的评估方法。WTP（Willing to Pay，支付意愿）的诱导技术是提高 CVM 有效性和可靠性的基础，目前常用的有开放式问卷、投标博弈、支付卡和二分法等方法。

（二）问卷调查设计与实施

1. 问卷设计

为了测算淮河流域生态补偿居民的支付意愿以及支付能力，课题组于 2015 年 7 月至 8 月对淮河流域沿岸居民进行了面对面式的问卷调查，共发放调查问卷 850 份，其中有效问卷 802 份，有效率达 94.35%。

问卷由三大部分构成：一是流域居民的个人及家庭背景情况，主要包括性别、年龄、民族、居住年限、受教育程度、住房距城镇距离、家庭人口以及劳动力人口，受访的家庭构成及经济来源；二是流域居民生态环境及相关工程的认知情况，主要包括退耕还林还草工程对农户的经济补偿，环境保护的重要性等；三是流域居民支付意愿及生态补偿相关内容的调查，主要包括是否支持生态补偿、生态补偿方式、每年愿意支付的金额和一次支付的金额。样本特征基本反映了淮河流域居民的整体特征，样本具有一定的代表性。

2. 调查实施

条件价值评估法是一种典型的陈述偏好价值的评估技术。其中，调查问卷所设置的问题，考虑了被调查者自身的综合条件，比如年龄、文化程度和社会经历等因素，使设置的问题具有可调查性和科学性。结合淮河流域的情况设计调查问卷，考虑被调查对象文化水平、年龄和身体状况等综合因素，减小可控误差；同时结合调查过程中遇到的实际情况对调查问卷做适当调整，使调查问卷具有条件价值评估法所要求的问卷广泛性。样本选择采用分层定比随机抽样的方法，具有代表性和准确性。在调查的过程中，被调查的样本是以家庭为基本单元。

（三）调查结果分析

所回收的 802 份有效问卷中，男性比例相对偏高。由于受访者年龄不同，他们的健康状况存在差异，通常年龄越大，健康状况就越差，居民对健康的满意度也越低。文化程度多数为初中及以下文化水平，达到 67.7%（见表 5-1）。

表 5-1　有效问卷的受访者的基本特征

调查项目	类别	频数	比例（%）
年龄	≤25 岁	247	30.8
	26~35 岁	122	15.2
	36~45 岁	206	25.7
	46~60 岁	192	23.9
	≥61 岁	35	4.4
性别	男	519	64.7
	女	283	35.3
文化程度	小学以下	146	18.2
	小学	251	31.3
	初中	146	18.2
	高中中专	72	9.0
	大学及以上	187	23.3

续表

调查项目	类别	频数	比例（%）
家庭人口	≤2 人	106	13.2
	3~4 人	565	70.5
	≥5 人	131	16.3

调查家庭中，多数家庭劳动力为 2~3 人，这与家庭成员的年龄分布有关，劳动力分布为 1~5 人，1 人、4 人相对来说较少，5 人是最少的（见表 5-2）。

表 5-2　被调查者家庭劳动力情况

单位：户，%

	劳动力人数（人）				
	1	2	3	4	5
样本数	63	279	344	94	22
百分比	7.9	34.8	42.9	11.7	2.7

淮河流域农户年家庭总收入水平较低，平均家庭总收入为 47354.86 元，最低收入为 4000 元，最高收入达 300000 元，具体分布情况见表 5-3。家庭总收入包括种地收入、经商收入、打工收入、工资收入、其他收入等。

表 5-3　被调查者家庭总收入情况

单位：户，%

	家庭总收入（万元）										
	0~1	1~2	2~3	3~4	4~5	5~6	6~7	7~8	9~10	10~15	≥15
样本数	48	140	167	96	133	62	23	46	9	67	11
百分比	6	17.5	20.8	12	16.6	7.7	2.9	5.7	1.1	8.4	1.4

被调查的居民多数是支持生态环境恢复与保护的，其中有 73.8% 的居民表示支持，26.2% 的居民表示不支持。在问卷中对生态环境保护所采用的方式设置了 5 种选项，分别是：①多交水费，②交生态环境保护税，③捐款，④出工，⑤其他形式。研究区居民有 4.1% 选择①，15.8% 选择②，18.6% 选择③，28.4% 选择④，30.3% 选择⑤，2.7% 并未做出选择（见表 5-4）。

表5-4　生态环境保护方式情况

单位：户，%

	生态环境保护方式					
	多交水费	交生态环境保护税	捐款	出工	其他形式	未选择
样本数	33	127	149	228	243	22
百分比	4.1	15.8	18.6	28.4	30.3	2.7

对于支持生态补偿策略，居民愿意支付 0~50 元的占 20.2%，50~100 元的占 27.4%，100~200 元的占 16.2%，200~300 元的占 10.1%，300~500 元的占 11.2%，高于 500 元的占 7.7%，居民愿意支付但未明确填写支付金额的占 7.1%（见表5-5）。

表5-5　流域居民生态补偿的支付意愿

单位：户，%

	生态补偿支付意愿						
	0~50 元	50~100 元	100~200 元	200~300 元	300~500 元	>500 元	其他
样本数	162	220	130	81	90	62	57
百分比	20.2	27.4	16.2	10.1	11.2	7.7	7.1

由此可计算淮河流域上游地区农户的支付意愿期望值：

$$\mathrm{E(WTP)} = \sum_{i=1}^{n} p_i b_i = 177.70 \text{ 元} \tag{5-1}$$

式中，E（WTP）为农户的支付意愿期望值，p_i 为各投标点投标人数的分布概率，b_i 为可供选择的投标额，n 为各投标点的数目，此处 $n=6$。

由于是采用支付卡式的调查方法，因此受访者所愿意支付的最大数额的组合构成了流域平均支付意愿的下限，而肯定不愿意支付的最小额则构成了流域平均支付意愿的上限。根据相关学者的研究成果，受访者都不愿支付比自己在投标卡上选择的最大支付意愿高一个等级的数额。根据表5-5可以确定流域居民支付意愿的上限：

$$\mathrm{E(NWTP)} = \sum_{i=1}^{n} p_i b_i = 221.15 \text{ 元} \tag{5-2}$$

因此，淮河流域上游居民每户每年的平均支付意愿在 177.70 ~ 221.15 元，其中点值为 199.43 元。

三 基于 CVM 的生态补偿农民支付意愿实证分析

（一）支付意愿与社会经济变量之间的相关分析

对具有连续分布特征的变量及性别等描述性社会经济变量设置虚拟变量，运用 Pearson 相关性分析方法对各变量进行统计分析。

结果如下。①淮河流域居民的五年内支付意愿与文化程度、家庭总收入和家庭人口呈显著正相关，相关系数分别为 0.103、0.333、0.104；与样本年龄及住房距城镇距离呈负相关，相关系数分别为 -0.048、-0.146（见表 5-6），说明年龄越大、住房距城镇距离越远，被调查者支付意愿越低，文化程度越高、家庭总收入越高、家庭人口越多，被调查者支付意愿越高。②受访者的年龄与文化程度在 0.01 水平下呈显著负相关，相关系数为 -0.647，说明受访者年龄越大其文化程度相对来说越低。③家庭总收入与住房距城镇距离也呈显著负相关，即住房距城镇距离越远，家庭总收入则越低；但家庭总收入与家庭人口在 0.05 水平下呈显著正相关，相关系数达到了 0.082，表明人口越多的家庭，总收入是越高的，这可能与劳动力的多少有关。

表 5-6　各变量相关性分析

变量	性别	年龄	家庭人口	住房距城镇距离	家庭总收入	文化程度	五年内支付	一次支付
性别	1	-0.128**	0.016	0.069	-0.026	0.087*	-0.019	0.048
年龄	-0.128**	1	0.003	-0.022	-0.025	-0.647**	-0.048	-0.06
家庭人口	16	0.003	1	-0.031	0.082*	0.087*	0.104**	0.081*
住房距城镇距离	0.069	-0.022	-0.031	1	-0.150**	-0.024	-0.146**	-0.096**
家庭总收入	-0.026	-0.025	0.082*	-0.150**	1	0.052	0.333**	0.584**
文化程度	0.087*	-0.647**	0.087*	-0.024	0.052	1	0.103**	0.119**
五年内支付	-0.019	-0.048	0.104**	-0.146**	0.333**	0.103**	1	0.462**
一次支付	0.048	-0.06	0.081*	-0.096**	0.584**	0.119**	0.462**	1

注：**、* 分别表示在 1%、5% 水平上显著。

（二）支付意愿的回归分析

采用多元线性回归的方法对影响居民支付意愿的因素进行研究，运用Heckman方法剔除零支付意愿，在问卷回归分析处理中以相对小的支付意愿代替零支付意愿，基于最小二乘法模型，利用SPSS软件进行测算，结果见表5-7。

表5-7　PC问卷的多元线性回归模型

变量	非标准化系数		标准系数	t	Sig.
	B	标准误差			
常量	39.708	39.348		1.009	0.313
性别	-3.560	10.792	-0.011	-0.330	0.742
年龄	0.135	0.473	0.013	0.286	0.775
家庭人口	10.996	5.380	0.068	2.044	0.041
住房距城镇距离	-1.161	0.414	-0.094	-2.805	0.005
家庭总收入	15.132	1.643	0.309	9.208	0.000
文化程度	9.002	4.500	0.087	2.000	0.046

注：因变量为五年内支付。

根据回归模型可以得到以下结论。①性别与流域居民支付意愿呈负相关关系，回归系数达到-3.56，说明男性的支付意愿明显高于女性。②家庭人口与居民的支付意愿呈极显著正相关关系，回归系数达到10.996，对支付意愿的影响较大，即在其他条件不变的情况下，家庭人口越多的居民支付意愿越强。③文化程度也是影响居民支付意愿的一个重要因素，回归系数达到9.002，这说明接受的教育程度越高，对生态环境的关注度越高。④家庭总收入是影响居民支付意愿的主要因素之一。从模型计量结果来看，居民家庭总收入这个变量系数在0.01的统计检验水平上显著，表明在其他条件不变的情况下，家庭总收入越高的居民支付意愿越强，并且回归系数较高，因此对支付意愿的影响较大。

四　本节小结

（一）主要发现

研究探讨了淮河流域农民对生态环境恢复与保护的了解情况及愿意支

付的金额，采用意愿调查法中的支付卡式调查问卷，选取河南省淮河流域的居民为调查样本，建立支付意愿的计量模型，分析了农民支付意愿与社会经济变量之间的相关性以及居民生态环境恢复与保护支付意愿的影响因素。得到主要研究结论如下。

（1）通过对居民支付意愿与各社会经济变量之间的相关性分析可知，支付意愿与居民的年龄呈负相关，与居民文化程度、家庭总收入、家庭人口呈正相关。多元线性回归分析表明居民支付意愿的主要影响因素为住房距城镇距离、文化程度、家庭总收入和家庭人口，其中文化程度与支付意愿呈极显著正相关系，文化程度越高的居民水费缴纳意愿越高；家庭人口也是影响农民支付意愿的主要因素，它主要是通过影响家庭收入来间接影响支付意愿。

（2）家庭总收入是影响居民支付意愿的最主要因素，其次是文化程度和家庭人口。因此要提高淮河流域生态环境恢复与保护的居民支付意愿，首先要提高居民的生活水平，其次是加强环保意识的宣传和教育，提升流域居民的受教育程度。

（3）由于 CVM 中存在假设性偏误、问卷设计偏误、嵌入偏误等一系列误差，研究虽采取了相应的方法减小误差，但仍存在一些问题。例如，在问卷设计中，数额跨度设计过大；研究仅在淮河流域所辖的数个县域进行了随机抽样，存在样本容量限制问题，最终评价结果会产生一定偏差等。

（二）政策建议

研究表明，受教育程度、农民的家庭收入以及农户的社会资源对农民的支付意愿影响显著。在上述研究的基础上，提出以下建议：

第一，加大农村教育投入，提高农民受教育水平。研究表明，文化程度的高低直接影响了流域居民的支付意愿。文化程度较高者拥有较强的环保意识，会更加关注生态环境的状况，有较强烈的生态环境保护与恢复意愿，并且愿意为其支付一定数额的资金。

第二，政府要提高居民的家庭收入，增加居民福祉。流域生态补偿标准的制定应当与当地经济发展水平相适应，尊重居民的支付意愿和方式选择，不能一刀切。流域居民的家庭收入存在空间上的差异，如郑州都市区周边的居民收入要明显高于黄淮平原农区居民收入，流域核心区域居民的支付意愿也高于周边。

第三，加强环保等相关政策宣传，并且做好生态环境恢复后的典型示范。多数农村的居民生态保护意识不够强，表现为关注家庭的经济收入，忽略了生态环境建设与保护。应加强环保意识的宣传，增强流域居民的环保意识，提高其对生态系统服务的支付意愿。

第四，关注农村的企业污染问题。在城市逐渐加大环境监管力度、强调第三产业的引领带动作用的同时，大量的污染企业转移到了农村，尤其是淮河流域，由点源污染转化为面源污染，对流域生态环境产生了更大的影响。

第二节　基于 GWR 的流域居民支付意愿的空间异质性分析

基于淮河流域居民支付意愿问卷调查结果，运用地理加权回归方法分析居民支付意愿的空间变化及影响因素，研究支付意愿的空间异质性。

一　研究内容

问卷主要调查了淮河流域上游居民自身特征（包括性别、年龄、受教育程度、健康状况、期望寿命、职业等）、家庭特征（包括家庭人口、劳动力人数、住房面积等）、财富水平（包括家庭总收入等）以及支付意愿（包括未来五年平均支付意愿、一次性支付意愿）等。本次研究内容主要包括以下几个方面：

第一，从经济补偿以及生态环境对农户的重要程度、农户对生态保护责任主体在生态保护中的重要性的认知以及居民对生态环境恢复与保护是否支持来调查居民对生态环境保护的认知情况。

第二，首先，根据调查数据，以县域为单位，运用 ArcGIS 最小二乘法（OLS）进行初步回归分析，得出回归分析初步模型；其次做出未来五年平均支付意愿（简称平均支付意愿，Average WTP）、一次性支付意愿（用 WTP 表示）与所有因素散点图，找出影响淮河流域居民支付意愿（包括 Average WTP、WTP）的关键因素，可得出回归分析的最佳模型；再次，根据最佳模型并运用地理加权回归方法进行回归分析，从而得出居民支付意愿与各有关因素的相关性，根据有关参数（VIF），剔除某些冗余变量（即 VIF 值较大变量），只保留了 VIF 较为接近的数值；最终可以得出区域空间上居民支付意愿是否具有相关性，并比较 GWR 模型与 OLS 模型得出不同模型的计算精度，分析其不同影响因素。

第三，空间自相关分析用于检验某种现象在空间上是否存在集聚，研究通过 GeoDa 软件对 Average WTP、WTP 分别进行空间自相关分析，研究其分布的空间特征。方法为全局空间自相关分析和局部空间自相关分析：全局空间自相关分析采用 Moran's I 指数；局部空间自相关分析采用 Moran 散点图和 LISA 图，通过局部 LISA 显著性分布图可以反映聚类和异常值，得出高高（HH）区、低低（LL）区、高低（HL）区和低高（LH）区。

第四，根据调查区域的数据差异性进行分类，根据差异性的高低分为重点开发区和限制开发区。运用 GWR 模型分别对重点开发区与限制开发区居民支付意愿进行回归分析。首先，以县域为单位，运用最小二乘法，分别分析不同区域的居民的支付意愿与相关因素的相关性，筛选出二者相关性较高的因素，即作为回归因素。其次，将这些回归因素作为解释变量，将支付意愿作为因变量，运用地理加权回归方法找出解释变量与因变量之间最佳的关系模型。

第五，将重点开发区、限制开发区影响居民支付意愿的相关因素进行比较，从而确定分区意义所在以及明确研究思路。将地理加权回归分区分析结果相互比较，找出不同区域影响支付意愿的不同因素，并分析原因。

二　数据来源与处理

研究数据来自对淮河流域居民的问卷调查，通过对淮河流域上游居民的走访调查，填写问卷共 850 份，有效调查问卷为 802 份，此次研究是走访调查，可信度较高，居民均根据实际情况填写问卷。调查研究了淮河流域上游共 66 个县（市、区），并结合淮河流域上游区域地理特征、人文特征，进行问卷调查。

在研究过程中，分别求取每个县、县级市、市辖区调查数据的平均值，对于样本点较少的单元采用插值法，利用周围县域的平均值作为该样本点的实际数据，最后运用 ArcGIS 将淮河流域底图与各个因素数据表进行连接，并导出文件，作为空间分析的数据来源。

三　研究方法

（一）空间自相关分析方法

采用空间自相关分析方法对淮河流域生态系统服务居民支付意愿的空间集聚情况进行研究。空间自相关分析用于检验某种现象在空间上是否存在集聚，主要包括全局空间自相关分析和局部空间自相关分析。研究采用 GeoDa 软件对 Average WTP、WTP 进行空间自相关分析。

（1）全局空间自相关分析

全局空间自相关分析能够反映出整个区域内各个研究单元与其邻近区域之间的相关性。研究采用 Moran's I 指数来表示研究区域内是否呈正相关、负相关或者相互独立的关系，应用软件分析研究区域空间自相关情况。其中，相关计算公式如下所示：

$$I = \frac{N \sum\limits_{i}^{n} \sum\limits_{j}^{n} W_{ij} (X_i - \overline{X})(X_j - \overline{X})}{\left(\sum\limits_{i}^{n} \sum\limits_{j}^{n} W_{ij} \right) \sum\limits_{i}^{n} (X_i - \overline{X})^2} \tag{5-3}$$

其中，n 为县域总个数；W_{ij} 为空间权重；X_i 代表 i 区域属性；X_j 代表 j 区域的属性；$\overline{X}$ 为属性平均值。

$$Z(I) = \frac{I - E(I)}{\sqrt{Var(I)}} \tag{5-4}$$

$Z(I)$ 为 I 的检验值，即 Z 得分；$E(I)$ 为假设不集聚情况下的数学期望；Var 表示 I 的变异系数。Z 值为正时表示研究区域呈现正相关，即存在集聚；为负时表示研究区域呈现负相关；为零时则呈独立分布状态。

（2）局部空间自相关分析

局部空间自相关分析反映研究区域与周围区域之间的相关情况和空间差异程度，研究采用 Moran 散点图和 LISA 图（反映空间关系局部指标）来表示，通过局部 LISA 显著性分布图可以进行聚类和异常值分析，得出高高（HH）区、低低（LL）区、高低（HL）区和低高（LH）区。其计算公式为：

$$S_x^2 = \sum_i^n W_{ij}(X_j - \overline{X})^2 / n \qquad (5-5)$$

$$I_j = \frac{(X_i - \overline{X})}{S_x^2} \sum_j^n \left[W_{ij}(X_j - \overline{X}) \right] \qquad (5-6)$$

其中，S_x^2 为方差；W_{ij} 为空间权重；X_j 代表 j 区域的属性；$\overline{X}$ 为属性平均值。

（二）GWR 模型建立与变量选取

（1）GWR 模型

GWR 即地理加权回归，是由英国 A. S Fortheringham 及同事基于空间变异系数回归模型提出的。它在传统回归模型基础上考虑了样本的空间相关性，如流域居民的支付意愿会受到其地理位置、消费水平、生态环境、社会行为等空间因素的影响。若只是采用传统的回归模型对参数进行"平均"或者"全局"分析，则结果会产生较大偏差；地理加权回归就考虑其空间相关性，避免了较大误差的产生。地理加权回归模型公式如下所示：

$$Y_i = \beta_0(u_i, v_i) + \sum_{k=1}^p \beta_k(u_i, v_i) X_{jk} + \varepsilon_i$$
$$i = 1, 2, 3, \cdots, n \qquad (5-7)$$

其中，(u_i, v_i) 为第 i 个样本点的坐标；$\beta_k(u_i, v_i)$ 为第 i 个样本点的第 k 个回归系数；ε_i 代表第 i 个样本点的随机误差。若 $i = 1, 2, 3, \cdots,$ n 时，β_k 均相等，则此时 GWR 模型就变成了 OLS 模型，不具有空间相关性。

为避免个别样本点邻近区域样本点数据稀疏或不均匀而导致模型估计误差，可采用高斯核函数确定权重，确定原则如下：

$$\omega_{ij} = \begin{cases} \exp^{\frac{1}{2}\left(\frac{d_{ij}}{b}\right)} & d_{ij} < b \\ 0 & d_{ij} \geq b \end{cases} \qquad (5-8)$$

其中，d_{ij} 表示样本点 i 到 j 的欧氏距离；b 为带宽，b 值直接影响 GWR 模型的空间变量。因此根据带宽最优准则，GWR 模型的赤池信息值（AICc 值，AICc 值在小范围研究中最为常用）最小，带宽 b 最佳。

（2）变量选取

在对自变量进行选取时，运用 ArcGIS 10.3.1 软件以县域为单位，做出平均支付意愿（Average WTP）、一次性支付意愿（WTP）与各因素散点矩阵图，找出影响淮河流域居民支付意愿的关键因素。最后，运用最小二乘法进行初步回归分析，得出回归分析初步模型，再根据有关参数（VIF），剔除某些冗余变量（VIF 值较大变量），得出最佳模型。

因变量为平均支付意愿和一次性支付意愿，但二者与各因素之间相关性不同。其中，与平均支付意愿相关程度较高的解释变量为性别、婚否、职业、劳动力人数、住房距城镇距离、住房面积、政府补贴收入、资源收入。影响一次性支付意愿的因素为性别、婚否、健康状况、职业、家庭人口、劳动力人数、住房距城镇距离、住房面积、政府补贴收入、资源收入、收入满意度。

四　淮河流域上游居民支付意愿结果及分析

（一）支付意愿情况及各类影响因素的基本情况分析

主要研究了淮河流域居民支付意愿（未来五年平均支付意愿、一次性支付意愿）与居民自身特征、家庭特征、财富水平的相关水平，以此作为生态补偿依据。本次受访者中男女比例分别为 63%、37%，居民受教育程度多集中于高中/中专阶段，占比 52%，半数以上居民从事非农业工作，大部分居民对自身健康状况较满意。从家庭总收入来看，55% 的居民集中在 3 万~5 万元，高达 9% 的居民对当前收入较满意。从支付意愿结果来看，居民未来五年平均支付意愿多集中在 200 元及以下区间，对于一次性支付意愿来讲，将近 70% 的居民愿意出资 200~500 元（见表 5-8）。

表5-8　淮河流域居民支付意愿的描述性统计分析

一、居民自身特征

V1		V2		V3		V4		V5		V6		V7		V8	
性别	比例（%）	年龄（岁）	比例（%）	婚否	比例（%）	受教育程度	比例（%）	健康状况	比例（%）	期望寿命（岁）	比例（%）	健康满意度	比例（%）	职业	比例（%）
1	63	≤20	2	1	77	1	2	1	0	≤80	2	1	0	1	0
2	37	21~30	14	2	23	2	2	2	0	81~90	56	2	2	2	32
		31~40	61			3	21	3	3	91~100	42	3	17	3	9
		41~50	21			4	52	4	26			4	76	4	59
		≥51	2			5	23	5	71			5	5		

二、家庭特征　　　　　　三、财富水平

V9		V10		V11		V12		V13		V14	
家庭人口	比例（%）	劳动力人数	比例（%）	住房距城镇距离（km）	比例（%）	住房面积（m²）	比例（%）	家庭总收入（万元）	比例（%）	收入满意度	比例（%）
1	0	1	0	≤5	14	≤100	6	≤3	12	1	2
2	2	2	2	5~10	29	100~150	55	3~5	55	2	9
3	59	3	59	10~15	33	150~200	31	5~8	30	3	80
4	39	4	39	15~20	9	>200	8	8~10	3	4	9
5	0	5	0	>20	15					5	0

四、支付意愿

V15		V16	
未来五年平均支付意愿（元）	比例（%）	一次性支付意愿（元）	比例（%）
≤80	6	≤200	5
80~200	56	200~500	69
200~400	32	500~1000	21
400~600	6	>1000	5

注：性别：1=男，2=女；婚否：1=未婚，2=已婚；受教育程度：1=未受教育，2=小学，3=初中，4=高中/中专，5=大专，6=本科及以上；健康状况：1=不健康，2=较差，3=一般，4=较好，5=健康；收入满意度/健康满意度：1=很不满意，2=较不满意，3=一般，4=较满意，5=满意；职业：1=农业，2=农业与非农业（农业为主），3=农业与非农业（非农业为主），4=非农业；家庭人口：1=1~3人，2=4人，3=5人，4=6人，5=6人以上；劳动力人数：1=0人，2=1人，3=2人，4=3人，5=4人及以上；家庭总收入包括政府补贴收入、打工收入、资源收入。

（二）淮河流域居民对生态环境的认知

研究通过了解地区生态环境同当地其他问题（包括经济问题）相比对居民的重要程度，反映流域居民对生态环境的认知程度以及居民对生态保护责任主体在生态保护中的重要程度的认知。从调查结果来看，多数淮河流域居民愿意支持生态环境恢复和保护。

舞阳县、漯河市、兰考县、郏县、鄢陵县居民认为保护生态环境极为重要。通过了解这些区域的详细情况得知，舞阳县在 2018 年之前，处于贫困状态，但由于其水资源丰富，地方政府极力打造绿化城区，增强园林绿化效果，利用其有利的自然条件，发展优质粮食，加大对外出口贸易，第一、第二、第三产业齐头并进，大大提高了其经济效益，于 2018 年脱贫。漯河市拥有丰富的矿产资源，尤其是河沙资源，主要产于沙河、澧河，属于淮河流域，因此其对水资源保护极为看重，居民对生态环境保护认知程度较高。在兰考县，环境发展目标是其城市发展目标的一部分，兰考县致力于环境友好型城市建设，重点保护生态湿地，加强污水处理工作，兰考县城市水功能区水质达标率高达 100%。

在生态保护责任主体中有 17% 的居民认为中央政府非常重要，有 65% 的居民认为中央政府比较重要。而认为地方政府非常重要的仅占了 9%，有高达 76% 比例的居民认为地方政府比较重要（见图 5-1）。总体来说，大多数居民认为在生态保护责任主体中中央政府起关键作用，在实施生态环境恢复和保护过程中中央政府要发挥重要作用，积极鼓励、引导流域居民参与生态环境建设。

从数据结果来看，仅有 5% 和 18% 的居民认为个人对生态保护的重要程度是非常重要和比较重要的，这与中央政府与地方政府的比例相差极为显著。从图 5-1 可以看出有 59%，即超过一半的人认为个人对生态环境保护的重要程度一般，而认为稍微重要的比例为 14%。结果表明居民大多数对生态环境的认知还是比较模糊的，相对于个人保护生态环境来说，居民往往更倾向于政府领导，因此，政府在制定生态环境保护政策中，要起带头作用，制定恰当的规章制度，激发居民支持生态环境恢复和保护的积极性。

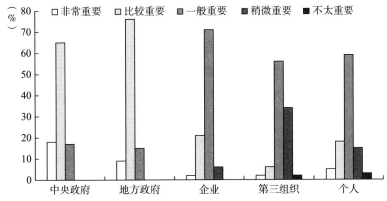

图 5-1 生态保护责任主体重要性分布

而对于企业、第三组织责任主体来说，大多数人认为是一般重要的。对于企业来讲，盈利是其最大目标，某些企业认为生态环境恶化并不影响其生产发展，往往不愿意出资保护生态环境。因此，多数居民认为依赖企业或第三组织保护生态环境不太现实，依赖政府的领导支持生态环境保护是居民的普遍选择。

总之，若想提高流域居民保护生态环境的积极性，就必须政府、企业、第三组织相互合作，相互联系，相互团结，采用激励方式或政策，并制定严格的规章制度，奖惩并行，逐步提高流域所有居民对生态环境的认知程度，对于违反规章的企业和个人绝不姑息。

（三）空间自相关结果分析

1. 全局空间自相关结果分析

（1）未来五年平均支付意愿（Average WTP）

Moran's I 指数采用的是正态分布 z 统计检验，运用 ArcGIS 10.3.1 软件，方法：ArcGIS—工具箱—空间统计工具—分析模式—空间自相关（Moran's I）。未来五年平均支付意愿全局空间自相关结果显示，全局 Moran's I 指数为-0.021，预期指数为-0.015，方差为 0.006，Z 得分为-0.069，结果小于 0，p 值是 0.945，表示平均支付意愿在空间上呈完全随机分布，并不集聚（见图 5-2）。

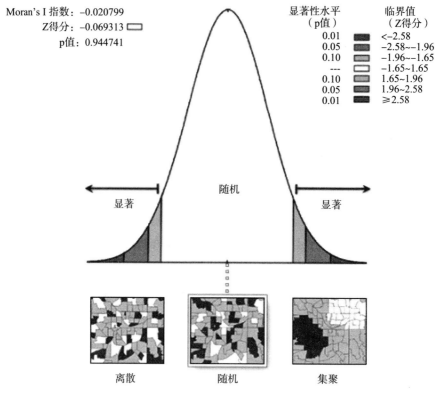

图5-2　未来五年平均支付意愿全局空间自相关

（2）一次性支付意愿（WTP）

由一次性支付意愿全局空间自相关结果可知，一次性支付意愿 Moran's I 值为 0.0006，预期指数为 -0.0153，方差是 0.0058，Z 得分为 0.2106，p 值为 0.8332（见图 5-3）。Moran's I 值较小，结果不显著，一次性支付意愿在空间上集聚特征不明显。

2. 局部空间自相关结果分析

（1）未来五年平均支付意愿（Average WTP）

运用 GeoDa 软件对未来五年平均支付意愿做局部空间自相关分析，方法：第一步，GeoDa—工具—空间权重管理—创建空间权重文件；第二步，空间分析—单变量局部 Moran's I（绘制 Moran 散点图、LISA 集聚分布图、LISA 显著性分布图）。图 5-4 表示未来五年平均支付意愿的 Moran 散点图，

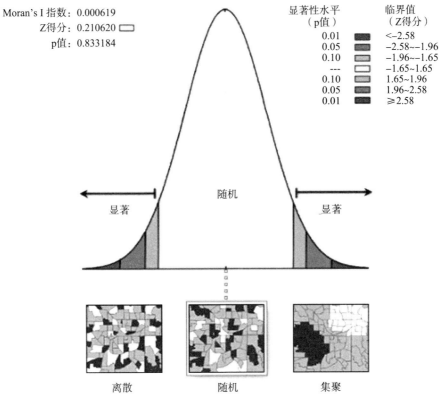

图 5-3 一次性支付意愿全局空间自相关

从图中可看出未来五年平均支付意愿的局部自相关指数为 0.70，值大于 0.5，表示具有较大的局部空间自相关性。

其 LISA 集聚分布结果显示，存在高高（HH）区、低低（LL）区、高低（HL）区以及不显著区四种，高高区和低低区呈现集聚分布特征，高低区则表现出离散分布特征，不显著区表示没有统计显著性。

LISA 显著性分布结果显示，高高（HH）区中鲁山县、确山县、宁陵县、西平县、潢川县、太康县，以及高低（HL）区、低低（LL）区均通过 p=0.01 的极显著性检验，而高高区中长葛市、商水县通过了 p=0.05 的显著性检验。

（2）一次性支付意愿（WTP）

根据一次性支付意愿局部空间自相关 Moran 散点图（图 5-5）可知，一次性支付意愿的 Moran's I 值为 0.17，局部具有一定空间自相关性，但集聚特征不太显著。

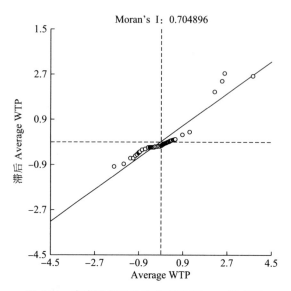

图 5-4　未来五年平均支付意愿 Moran 散点图

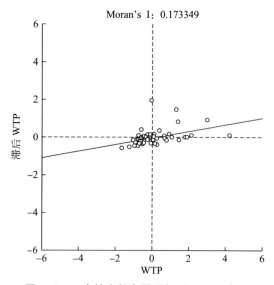

图 5-5　一次性支付意愿局部 Moran 散点图

淮河流域居民一次性支付意愿出现了明显的高高（HH）区、低低

（LL）区、高低（HL）区、低高（LH）区和不显著区。其中，宁陵县和鲁山县表现为高高集聚。高高区通过了 p=0.05 的显著性检验，具有 95% 可能性符合原假设；低低区通过了 p=0.01 显著性检验，表现为极显著特征，具有 99% 可能性符合原假设；低高区、高低区均通过了 p=0.01 显著性检验，具有 99% 可能性符合原假设。

（四）OLS 模型建立及结果分析

1. 未来五年平均支付意愿 OLS 模型建立及结果分析

运用 ArcGIS 10.3.1 软件对可能影响未来五年平均支付意愿、一次性支付意愿的全部因素进行回归分析，方法：ArcGIS—工具箱—空间统计工具—空间关系建模—普通最小二乘法。

将所有影响因素全部纳入，作为解释变量，将未来五年平均支付意愿作为因变量，进行 OLS 诊断，结果见表 5-9。

表 5-9 未来五年平均支付意愿 OLS 结果

变量	系数	VIF
截距	195.000	0.000
性别	-8.265*	1.647
年龄	-0.158	6.354
婚否	30.771**	1.955
受教育程度	-3.360	6.032
健康状况	23.834	2.895
期望寿命	0.745	8.149
是否村干部	-307.694	16.248
健康满意度	50.734	3.452
职业	39.862***	1.133
家庭人口	-18.440	2.236
劳动力人数	53.286*	1.095
住房距城镇距离	-3.248*	1.895

续表

变量	系数	VIF
住房面积	0.002**	1.306
家庭总收入	24.630	9.901
政府补贴收入	0.028*	1.571
打工收入	-34.472	9.148
资源收入	-55.655*	1.089
收入满意度	35.996	2.115

注：***、**、*分别表示在1%、5%、10%水平上显著。

根据普通最小二乘法分析结果，剔除表5-9中VIF值偏差较大的因素和未通过显著性检验的因素，得到影响居民未来五年平均支付意愿的显著因素，包括性别、婚否、职业、劳动力人数、住房距城镇距离、住房面积、政府补贴收入、资源收入（见表5-10）。

表5-10 OLS模型估计结果

变量	回归系数	t值	VIF
截距	195.000	0.617	0.000
性别	-8.265*	0.533	1.647
婚否	30.771**	0.911	1.955
职业	39.862***	2.137	1.133
劳动力人数	53.286*	0.644	1.095
住房距城镇距离	-3.248*	-0.589	1.895
住房面积	0.002**	-0.103	1.306
政府补贴收入	0.028*	2.131	1.571
资源收入	-55.655*	-1.093	1.089

注：***、**、*分别表示在1%、5%、10%水平上显著。

在本次未来五年平均支付意愿研究中OLS模型拟合度为9.9%，模型拟合度较低，因此数据不具有空间平稳性，不满足OLS传统模型独立假设，要考虑其空间影响因素，考虑数据的非平稳性嵌入因素。

2. 一次性支付意愿OLS模型建立及结果分析

通过ArcGIS将所有因素纳入，剔除冗余变量，得到影响一次性支付意愿的因素，包括性别、婚否、健康状况、职业、家庭人口、劳动力人数、住房距城镇距离、住房面积、政府补贴收入、资源收入、收入满意度。通过表 5-11 可知一次性支付意愿与性别、婚否、健康状况、住房面积、资源收入影响因素呈负相关，回归系数为负。职业回归系数绝对值最大，表示一次性支付意愿与职业的相关强度最大，且呈正相关关系。劳动力人数、住房面积、政府补贴收入回归系数绝对值小于 1，表示劳动力人数、住房面积、政府补贴收入与一次性支付意愿的相关强度较弱。

表 5-11　OLS 模型估计结果

变量	回归系数	t 值	VIF
截距	2.254	0.010	0.000
性别	-85.430*	-0.885	1.341
婚否	-52.947*	-0.612	1.339
健康状况	-2.421*	-0.034	1.400
职业	173.872***	2.819	1.676
家庭人口	49.237*	0.676	1.083
劳动力人数	0.528*	0.008	1.669
住房距城镇距离	3.216*	0.489	1.520
住房面积	-0.001**	-0.441	1.175
政府补贴收入	0.037*	1.100	1.154
资源收入	-5.402*	-0.087	1.602
收入满意度	33.445*	0.449	1.878

注：***、**、*分别表示在 1%、5%、10%水平上显著。

（五）GWR 模型建立及结果分析

1. 未来五年平均支付意愿 GWR 模型建立及结果分析

OLS 是仅仅通过"全局"或"平均"参数来定义因变量与解释变量之间的关系，但如果数据存在空间相关性，普通最小二乘法就不能适用。在本研究中，运用 ArcGIS 10.3.1 软件在 OLS 模型的基础上，建立 GWR 模型。以基础理论知识为依据，对影响未来五年平均支付意愿的因素进行空间回归分析，输出结果如表 5-12 所示。

表5-12 未来五年平均支付意愿GWR模型结果

模型参数	数值
Bandwidth	174391.383
Residual Squares	9682.869
Effective Number	19.602
Sigma	14.460
AICc	562.700
R^2	0.596
R^2 Adjusted	0.433

Bandwidth是指用于各个局部估计的带宽或相邻点项目，它控制模型中的平滑程度；Residual Squares是指模型中的残差平方和，值越小，GWR模型越拟合观测数据；Effective Number反映了拟合值的方差与系数估计值的偏差之间的折中；Sigma是正规化剩余平方和（剩余平方和除以残差的有效自由度）的平方根；AICc常用来反映回归模型的拟合度，值越小代表模型越能够更好地拟合观测数据；R^2用来度量拟合度，值在0~1，值越大越好；R^2 Adjusted为R^2校正值，按照分子和分母的自由度进行正规化，通常小于R^2。结果显示，在考虑数据之间的空间相关性的情况下，GWR模型的R^2值为0.596，R^2校正值为0.433。GWR模型标准化残差（Standardized Residuals）在空间上呈完全随机分布，说明该模型的整体拟合效果较好。分析结果表明：

第一，未来五年平均支付意愿与性别总体呈空间异质性，最大值出现在永城市，最小值则出现在信阳市，且永城市未来五年平均支付意愿与性别存在正相关关系，在信阳市、罗山县则表现为负相关关系。

第二，未来五年平均支付意愿与婚否没有确定的正负相关关系，在汝阳县、宝丰县、襄城县、临颍县、鄢陵县、扶沟县、太康县、柘城县、商丘市、虞城县及以北区域，均表现出负相关关系，在以南区域为正相关关系，且由北向南回归系数绝对值呈增大趋势，相关关系变强。

第三，未来五年平均支付意愿与职业在新蔡县、息县、罗山县及以西区域均呈现负相关关系，在包括光山县、商城县、潢川县、固始县、淮滨县、新县在内的以东区域呈正相关关系，且由西向东相关性逐渐增强。

第四，未来五年平均支付意愿与劳动力人数的回归系数最大值出现在兰考县，最小值出现在新县。另外，在部分县域内，包括确山县、正阳县、淮滨县、息县、桐柏县、罗山县、光山县、潢川县、新县、商城县、固始县，均呈负相关关系。

第五，总体来看，未来五年平均支付意愿与住房距城镇距离、住房面积均呈负相关，住房离城镇越远的居民，他们对生态环境保护与恢复的支付意愿就越小。

第六，未来五年平均支付意愿与政府补贴收入的回归系数较小，表现出由北到南依次减小的趋势。从调查数据得知，只有少数区域有较高的政府补贴收入，多数地区政府补贴收入较低，甚至某些地区没有政府补贴收入。

第七，商城县未来五年平均支付意愿与资源收入相关性较高，回归系数最大。商城县由于其独特的地理位置，土质肥沃，气候温和，雨水充沛，拥有多种经济作物、矿产资源等，素有"天然药库""豫南药乡"之称，并且茶叶、矿产资源丰富，因此其资源收入较高。

2. 一次性支付意愿 GWR 模型建立及结果分析

在一次性支付意愿 OLS 模型基础上，运用地理加权回归方法，带宽计算仍选择 AICc 的方法，得到以下结果：R^2 值为 0.31，R^2 校正值为 0.28（见表 5-13），残差值（Residual）范围为 [-1.6, 4.2]，残差分布总体来看表现出完全随机分布的特征，说明其 GWR 模型的整体拟合效果较好。

表 5-13 一次性支付意愿 GWR 模型结果

模型参数	数值
Bandwidth	174391.783
Residual Squares	9793.755
Effective Number	11.031
Sigma	20.260

续表

模型参数	数值
AICc	942.315
R^2	0.310
R^2 Adjusted	0.280

根据一次性支付意愿与各个影响因素的回归系数可得出如下结论。

第一，一次性支付意愿与性别、婚否的回归系数小于0，均呈负相关关系，且二者的回归系数绝对值均表现为从西到东逐渐减小的趋势。

第二，一次性支付意愿与职业呈正相关关系，且关系较其他因素来说较为显著，虽表现为由北至南逐渐增大的趋势，但总体增大趋势不显著，整体上回归系数差别不大。

第三，一次性支付意愿与劳动力人数呈正相关，回归系数在 [14.86, 15.15]，最大值出现在永城市，最小值位于汝阳县。

第四，一次性支付意愿与住房距城镇距离呈正相关，这与未来五年平均支付意愿与住房距城镇距离呈负相关截然不同，且二者的回归系数的绝对值也相差较大。

第五，一次性支付意愿与住房面积呈负相关，与政府补贴收入呈正相关，但二者回归系数绝对值均较小，不足0.1。

第六，一次性支付意愿与资源收入的回归系数为负值。正阳县、新蔡县、罗山县、息县、淮滨县、光山县、潢川县、新县、商城县、固始县支付意愿较高。它们均位于淮河上游腹地，且某些县域以经营水产品、经济作物为业，需要良好的生态环境，尤其是水资源，为保证居民具有良好的水资源以促进居民经济收入的提高，居民的支付意愿较其他区域普遍较高，从平均支付意愿与资源收入的关系也能得出此结论。

（六）GWR 模型与 OLS 模型结果对比

1. 未来五年平均支付意愿 OLS 模型与 GWR 模型结果对比

通过表5-14分析 OLS 模型与 GWR 模型未来五年平均支付意愿的估计结果，可以得出以下结论。

（1）赤池信息（AICc）。由最优带宽准则可知，GWR 模型的 AICc 最小，带宽 b 最佳。OLS 模型的 AICc 值 799.186 大于 GWR 模型的 AICc 值 562.700，根据经验，当两个模型的 AICc 值相差大于 3 时，AICc 值较小的模型估计结果比较可靠。因此 GWR 模型考虑到变量的复杂性，其模拟的精度远高于 OLS 模型。

表 5-14　未来五年平均支付意愿 OLS 模型与 GWR 模型参数估计比较

模型	AICc	R^2	R^2 Adjusted	Residual	F
OLS 模型	799.186	0.099	0.210	0.000	1.890
GWR 模型	562.700	0.596	0.433	0.000	2.325

（2）拟合优度（R^2）及 F 值。GWR 模型的 R^2 值为 0.596，F 值为 2.325，OLS 模型的 R^2 值为 0.099，F 值为 1.890，即 GWR 模型的拟合优度为 59.6%，OLS 模型的拟合优度为 9.9%，前者远高于后者，且 GWR 模型的 F 值高于 OLS 模型的 F 值，表明 GWR 模型的拟合效果要远优于 OLS 模型，GWR 更好地解决了"数据平稳性嵌入的问题"。

（3）拟合精度（R^2Adjusted）。OLS 模型校正系数为 0.210，模型整体较不显著，而 GWR 模型的校正系数为 0.433，则 GWR 模型的拟合精度（43.3%）远高于 OLS 模型拟合精度（21.0%）。从残差值来看，二者均为 0，两个模型都具有良好的拟合度。但从 Moran 散点图和 LISA 显著性分布图来看，未来五年平均支付意愿具有较高的局部自相关性，因此，单以 OLS 模型研究影响因素的空间依赖性问题是存在不足的，需要考虑空间相关性，这也是 GWR 模型的拟合优度要高于 OLS 模型的原因。

2. 一次性支付意愿 OLS 模型与 GWR 模型结果对比

根据一次性支付意愿的 OLS 模型与 GWR 模型的结果比较（见表 5-15），得出以下结论。

（1）拟合精度（R^2Adjusted）。GWR 模型、OLS 模型的拟合精度分别为 0.280、0.077，GWR 模型的拟合精度为 28%，要大于 OLS 模型的拟合精度 7.7%，即 GWR 模型的拟合效果要优于 OLS 模型。

表 5-15　一次性支付意愿 OLS 模型与 GWR 模型参数估计比较

模型	AICc	R²	R² Adjusted	Residual	F
OLS 模型	948.087	0.247	0.077	-0.040	1.454
GWR 模型	942.315	0.310	0.280	0.000	2.685

（2）赤池信息（AICc）。一次性支付意愿的带宽选择同于未来五年平均支付意愿的带宽选择，GWR 模型的赤池信息较小，带宽 b 最佳。但一次性支付意愿的 GWR 模型的 AICc 值与 OLS 模型的 AICc 值相差较小，两个模型单从赤池信息方面来看，模型拟合效果并无显著差别。

（3）拟合优度（R²）及 F 值。GWR 模型 R² 为 0.310，F 值为 2.685，OLS 模型 R² 为 0.247，F 值为 1.454，可见，GWR 模型的 R² 及 F 值都高于 OLS 模型，GWR 模型的拟合优度较高。但由于二者的拟合优度分别为 31%、24.7%，因此二者拟合优度差别不太显著。

（七）未来五年平均支付意愿与一次性支付意愿对比分析

从以上结果来看，未来五年平均支付意愿的模型拟合效果要优于一次性支付意愿的模型拟合效果，从调查结果中得知，居民的一次性支付意愿相差较大，较大的可达到万元，较小的甚至只有几十元，数据极差的出现会导致数据处理过程中出现偏差，从而影响模型拟合度。因此，政府在制定有关淮河流域生态补偿政策时，要考虑居民支付意愿影响因素，采取平均支付意愿的方式，更能够符合流域居民的意愿，调动居民参与生态环境建设和保护的积极性。

总体来看，GWR 模型对比 OLS 模型，具有以下优点。第一，GWR 模型针对每一个解释变量都有一个估计值，更能反映变量间的局部相关性。第二，GWR 能够对模型的参数估计进行空间表达，构建地理空间模型，分析其空间变异规律和变化特征。第三，GWR 相比 OLS 模型具有更高的拟合度，其模拟效果更好，精度更高，尤其是未来五年平均支付意愿 GWR 模型的拟合度要远远高于 OLS 模型的拟合度。第四，未来五年平均支付意愿、一次性支付意愿与各个影响因素之间的回归系数值均无较大波动，表明这些影响因素对未来五年平均支付意愿与一次性支付意愿的影响是十分稳定的。

五　不同主体功能区支付意愿结果与分析

根据河南省主体功能区发展战略，结合其资源承载力、发展潜力，并考虑河南省人口分布、国土空间规划等，将河南省初步划分为重点开发区、限制开发区和禁止开发区。河南省重点开发区分为国家级重点开发区和省级重点开发区，其中，位于淮河流域河南省重点开发区的县（市）包括巩义市、新密市、荥阳市、郑州市、中牟县、开封市、新郑市、长葛市、许昌市、宝丰县、平顶山市、鄢陵县、临颍县、漯河市、商丘市、永城市、周口市、漯河市、驻马店市、信阳市。根据功能定位要求，重点发展区一方面要发展经济，另一方面还要注意降低资源和能源消耗，注重保护生态环境。限制开发区主要包括农业类开发区和生态类开发区，前者保障国家粮食和畜产品安全，后者则保障生态安全。位于淮河流域的国家限制开发区包括登封市、杞县、通许县、尉氏县、兰考县、郏县、叶县、襄城县、禹州市、舞阳县、息县、潢川县、固始县、扶沟县、商水县、郸城县、淮阳县、太康县、鹿邑县、项城市、民权县、睢县、宁陵县、柘城县、虞城县、夏邑县、西平县、上蔡县、平舆县、汝南县、正阳县、遂平县、新蔡县、沈丘县。为了解淮河流域不同主体功能区背景下居民支付意愿与各影响因子的差异性，为生态补偿政策的制定提供更具针对性的决策依据，将研究区域分为重点开发区、限制开发区，研究分析不同区域发展目标、不同政策下居民支付意愿。

（一）重点开发区

1. 未来五年平均支付意愿 OLS 模型建立与结果分析

通过对重点开发区进行回归分析可知，重点开发区居民未来五年平均支付意愿不具有空间相关性，可适用 OLS 模型。由最小二乘法回归分析发现，对居民未来五年平均支付意愿影响较大的因素包括劳动力人数、住房距城镇距离、打工收入、资源收入，其中，未来五年平均支付意愿与劳动力人数、打工收入呈正相关关系，与资源收入呈极显著正相关关系，与住房距城镇距离通过了 p＝0.1 显著性检验，呈负相关关系（见表5-16）。

表 5-16 未来五年平均支付意愿 OLS 模型估计结果

变量	回归系数	t 值	VIF
截距	33.220	0.137	0.000
劳动力人数	58.125*	-1.525	1.925
住房距城镇距离	-7.556*	-1.794	1.228
住房面积	0.881*	1.650	1.105
打工收入	103.130*	1.656	1.802
资源收入	310.128***	2.116	1.206

注：***、**、*分别表示在1%、5%、10%水平上显著。

从表 5-17 得出，OLS 模型拟合优度为 91.8%，残差为 0，拟合精度为 63.2%，模型解释能力较强，拟合效果较优。

表 5-17 OLS 模型参数估计结果

模型	AICc	R^2	R^2 Adjusted	F	Residual
OLS	468.021	0.918	0.632	3.206	0.000

调查数据显示，荥阳市和商丘市居民未来五年平均支付意愿较高，分别为 243.75 元、246 元，但临颍县较低，仅有 76.82 元，这与居民在生态环境恢复和保护中的自我认知有很大关系，即商丘市、荥阳市居民的生态环境认知程度较高，临颍县则较低。因此，在进一步完成重点开发区开发任务的同时，要注重居民生活质量的提高，发展优势产业，如旅游业等，从而调动政府和居民保护生态环境的积极性。

2. 一次性支付意愿 OLS 模型建立及结果分析

由表 5-18 可知，影响重点开发区居民一次性支付意愿的影响因素包括性别、健康状况、家庭人口、住房面积、打工收入以及资源收入，性别、家庭人口、打工收入通过了 p = 0.01 显著性检验，表现为极显著正相关关系。一次性支付意愿与健康状况、住房面积表现为负相关。

表 5-18 一次性支付意愿 OLS 模型估计结果

变量	回归系数	t 值	VIF
截距	56.881	0.123	0.000
性别	238.768***	−0.421	1.722
健康状况	−171.170*	2.599	1.825
家庭人口	289.723***	−0.674	1.446
住房面积	−2.225*	−0.805	1.209
打工收入	69.218***	1.067	1.147
资源收入	475.366*	1.246	1.157

注：***、**、* 分别表示在 1%、5%、10% 水平上显著。

由于重点开发区是大型工业、高新技术产业的集中地，农户多从事非农业工作。调查数据显示，从事非农业的农户占 78%。家庭总收入主要来源于外出打工收入和少部分的资源收入，因此，重点开发区居民一次性支付意愿与打工收入表现为极显著相关关系，与资源收入表现为一般显著相关关系。

建立居民一次性支付意愿 OLS 模型，由模型参数估计结果（见表 5-19）得知，该 OLS 模型拟合优度为 92.8%，拟合精度为 73.9%，该模型很好地估计了重点开发区居民一次性支付意愿。

表 5-19 OLS 模型参数估计结果

模型	AICc	R^2	R^2 Adjusted	F	Residual
OLS	401.618	0.928	0.739	4.930	0.000

（二）限制开发区

1. 未来五年平均支付意愿 OLS 模型建立与结果分析

根据限制开发区未来五年平均支付意愿 OLS 模型估计结果可知，限制开发区内，影响居民未来五年平均支付意愿的因素包括受教育程度、职业、劳动力人数、住房距城镇距离、住房面积。影响因素回归系数均通过了 p = 0.01 显著性检验，表现为极显著相关关系（见表 5-20）。

表 5-20 未来五年平均支付意愿 OLS 模型估计结果

变量	回归系数	t 值	VIF
截距	-240.745	-2.686	0.000
受教育程度	-61.356***	-2.965	1.577
职业	104.269***	4.308	1.810
劳动力人数	77.347***	3.611	1.323
住房距城镇距离	-0.342***	-1.592	1.099
住房面积	-0.342***	-1.592	1.933

注：***、**、*分别表示在1%、5%、10%水平上显著。

从 OLS 模型参数估计结果（见表 5-21）可知，该模型拟合优度高达 71.2%，拟合精度为 60.4%，表示该模型的估计效果较好。

表 5-21 OLS 模型参数估计结果

模型	AICc	R^2	R^2 Adjusted	F	Residual
OLS	400.363	0.712	0.604	6.587	0.000

2. 一次性支付意愿 OLS 模型建立与结果分析

由结果可知，一次性支付意愿的影响因素中，职业、住房距城镇距离、住房面积通过了1%显著性检验，表现为极显著相关关系，而劳动力人数仅通过了10%显著性检验（见表 5-22）。

表 5-22 一次性支付意愿 OLS 模型估计结果

变量	回归系数	t 值	VIF
截距	734.879	0.038	0.000
职业	321.763***	0.004	1.890
劳动力人数	104.232*	0.038	1.335
住房距城镇距离	-27.495***	0.053	1.104
住房面积	-1.546***	0.060	1.700

注：***、**、*分别表示在1%、5%、10%水平上显著。

从一次性支付意愿分析结果（见表5-23）来看，该模型的拟合优度为46.4%，拟合精度仅为26.3%，表示该模型的精度较低。这与未来五年平均支付意愿的估计结果产生较大反差，从二者OLS模型估计结果来看，未来五年平均支付意愿拟合效果要优于一次性支付意愿，因此在制定生态补偿政策时，要考虑居民的平均支付意愿，这样更有利于调动居民参与生态环境建设的积极性。

表5-23 OLS模型参数估计结果

模型	AICc	R^2	R^2 Adjusted	F	Residual
OLS	497.118	0.464	0.263	2.307	0.000

（三）重点开发区与限制开发区结果对比分析

从问卷调查数据中发现，重点开发区、限制开发区居民未来五年平均支付意愿分别为158.19元、196.59元，一次性支付意愿分别为428.53元、465.82元，限制开发区居民支付意愿较重点开发区高。这主要因为限制开发区本身不属于大规模、高强度的工业化和城镇化发展的区域，它们事关国家食品安全和生态安全，而限制开发区居民大都依靠农业收入，其资源收入较低，他们迫切想要提高当前收入，保护生态环境有利于其资源收入、农业收入的提高，因此其居民支付意愿普遍较高。另外，不同区域居民的未来五年平均支付意愿比一次性支付意愿普遍较高，这与全流域调查数据结果相同。

重点开发区居民一次性支付意愿还与家庭人口表现为极显著关系。重点开发区一般都是交通较为发达、位置有利、工业集中、高新产业发达的地区，居民往往会选择这些相对发达的重点开发区务工，且收入一般也较高，这也反映了我国人口的流动情况。对于限制开发区来说，多为一些县或县级市，多以农业发展为主。在农业类开发区内，农药、化肥、养殖场产生的污水等未经处理而随地表径流造成大面积的农业面源污染，这也进一步加剧了农业发展的资源环境约束，因而对于这些地区的居民来说资源收入较低，居民支付意愿与资源收入并无直接关系。

六 本节小结

(一) 结论

研究以淮河流域上游各县域为基本单元，采用空间自相关分析方法解释居民未来五年平均支付意愿以及一次性支付意愿的空间分布特征，运用OLS (普通最小二乘法) 模型和 GWR (地理加权回归) 模型结合 GIS 空间表达讨论支付意愿和性别、婚否等因素的空间相关关系，并解释引起区域差异的影响因素。

多数居民对生态环境的保护和认知不够，政府对其宣传力度不够，导致居民大都缺乏生态补偿意识，支付意愿较低。

从未来五年平均支付意愿 OLS 模型结果看，在性别、婚否、职业、劳动力人数、住房距城镇距离、住房面积、政府补贴收入、资源收入八个动力因子中，资源收入对未来五年平均支付意愿的影响程度最高，住房面积对未来五年平均支付意愿的影响程度最低。其中，性别、婚否、职业 (自身特征) 的回归系数分别为 -8.265、30.771、39.862，劳动力人数、住房距城镇距离、住房面积 (家庭特征) 的回归系数分别为 53.286、-3.248、0.002，政府补贴收入、资源收入 (财富水平) 的回归系数分别为 0.028、-55.655。相比之下，居民自身特征对未来五年平均支付意愿的作用较大，家庭特征和财富水平的作用则差别不大。

从一次性支付意愿 OLS 模型结果看，职业对一次性支付意愿的影响程度最高，住房面积的影响程度最低。其中，性别、婚否、健康状况、职业 (自身特征) 的回归系数分别为 -85.430、-52.947、-2.421、173.872，家庭人口、劳动力人数、住房距城镇距离、住房面积 (家庭特征) 的回归系数分别为 49.237、0.528、3.216、-0.001，政府补贴收入、资源收入、收入满意度 (财富水平) 的回归系数分别为 0.037、-5.402、33.445。居民自身特征、家庭特征和财富水平对一次性支付意愿的作用都较大，但是居民自身特征的作用更强。

从 GWR 模型的结果来看，未来五年平均支付意愿 GWR 模型拟合精度 (0.433) 相比 OLS 模型 (0.210) 有很大的提高，表明 GWR 模型的拟合效果要优于 OLS 模型。一次性支付意愿 GWR 模型拟合精度 （0.280）远高于 OLS 模型 （0.077），表明 GWR 模型的拟合效果优于 OLS 模型，虽然在标准化残差分布检验中通过了显著性检验，但其 GWR 模型拟合度仍较低。但自身特征、家庭特征、财富水平对一次性支付意愿、未来五年平均支付意愿的影响程度各不相同，自身特征对未来五年平均支付意愿及一次性支付意愿的影响作用最强。

从重点开发区、限制开发区 OLS 模型结果来看，重点开发区未来五年平均支付意愿 OLS 模型解释能力为 91.8%，主要影响因素包括劳动力人数、住房距城镇距离、打工收入、资源收入；一次性支付意愿 OLS 模型解释能力为 92.8%，主要影响因子有性别、健康状况、家庭人口、住房面积、打工收入以及资源收入。限制开发区未来五年平均支付意愿 OLS 模型解释能力为 71.2%，主要影响因素包括受教育程度、职业、劳动力人数、住房距城镇距离、住房面积；一次性支付意愿 OLS 模型解释能力为 46.4%，主要影响因素包括职业、劳动力人数、住房距城镇距离、住房面积。

（二）讨论

（1）问卷问题的设计。在进行支付意愿调查时，问题设计得不够严谨，应当列举居民愿意为生态环境恢复和保护出资的具体金额，尤其是在一次性出资时，如果标明具体金额有助于居民选择，可避免数据的盲目性。但对于一次性支付意愿来说，其受居民个人情感的影响较大，最大值可达万元，最小值为几十元，在标注时又难以确定，使得结果出现精度较低的情况。

（2）样本点的选取。在进行样本点选取时要考虑多重因素，如地理环境因素、社会经济因素等，抽取样本点时要均匀随机抽样，且样本点的数目要合理，过少会导致极值的出现，结果出现偏差，与预期不符。在农户调查时，要避免盲目选取，如农户生产经营类型的不同也会导致调查结果的偏差。在选择样本点时要选择具有代表性的，且能够反映该地区的总体特征，避免异常值的出现，违背常理。

（3）回归模型的精度。构建 OLS 模型、GWR 模型，在进行结果输出时模型的精度不够高，这可能与影响因素的选择有关，同时某些地区缺乏数据支持，对缺少数据支持的区域使用人工插值方法会对数据精度产生一定的影响，也会使模型的构建产生一定的偏差。

（4）研究内容。研究采用了回归分析法、空间自相关分析法对调查数据进行分析。本次研究针对的是整个淮河流域，对于不同县域缺少具体调查分析。不同县域具有不同的功能区划分和未来发展目标，包括人口集聚目标、经济发展目标、生态环境保护目标等，因此研究很难对每个县域做出针对性分析调查，研究深度略显不足。

（5）主观因素的影响。本研究采用问卷调查形式对受访农户进行调查，问卷问题的顺序设置、不同类型居民的数量、居民的居住时间等可能导致居民在虚拟市场下的支付意愿与现实中的情况产生偏差，或者导致某些农户违背自己的真实意愿，而故意提高或者降低其支付意愿，出现搭便车、过分承诺等现象。

第三节　流域居民生态补偿策略

一　流域生态系统服务与居民福祉关系对补偿的启示

在我国中部的淮河流域，生态经济协调类型中近一半的区域属于经济滞后型区域，尤其是在豫东平原农区形成了集中连片的经济滞后型区域。淮河流域涵盖河南省主体功能区规划中的农业类和生态类开发区，河南省"四区三带"生态安全格局中的"二区"和"一带"皆位于该区域。因此，对河南省国土空间战略格局而言，淮河流域具有重要的生态安全屏障地位和功能，同时也是生态保护红线区域和国家粮食安全战略区域，这些区域经济发展水平的滞后及居民福祉水平的低下与流域主体功能定位和生态红线的划定有一定关系。

在我国西北地区的渭干河流域，流域生态环境脆弱、人地矛盾突出。流域上游作为生态源，提供了满足全流域居民需求的生态系统服务，对下游居民的福祉产生重要影响。流域生态系统服务空间转移与居民福祉间存在格兰杰因果关系，这种作用关系以生态系统为传递媒介，形成了多时空维度的、长期的、具有时滞效应的复杂耦合关系。因此，亟须构建多种生态类型多元主体间的生态补偿机制，保障流域居民福祉水平不降低、生态保护红线地区生态系统服务的供给有所改善，促进流域生态经济协调发展。

（一）实施主体功能区生态补偿

在我国的广大流域，居民福祉与流域经济所处的发展阶段密切相关，在自然与人文双重因素的交互影响下呈现波动变化态势。在全球气候变化及快速城镇化背景下，流域生态系统受到自然与人类活动的扰动不断强化，特别是在生态系统敏感的贫困地区。居民福祉主要源于生态系统提供的各类服务，生态系统功能的下降会引起流域居民基本需求福祉替代安全与健康需求福祉成为流域最主要的福祉构成要素，流域部分居民会产生生态返贫现象。因此，国家及地区在扶贫工程项目实施中既要关注贫困地区居民的基本物质需求，还要加强生态系统的建设与维护。在我国及各省区主体功能区规划中，为了保障区域或者流域的生态安全，生态源区流域（通常是上游）往往被划定为限制或禁止开发区，通过实施主体功能区生态补偿可有效提升流域居民的福祉。

（二）构建流域多重生态系统服务与多元主体间的生态补偿机制

研究表明，流域森林生态系统所产生的服务功能不仅作用于本地区还有溢出效应，对域外居民福祉产生较大影响。上游森林生态系统对于整个流域居民福祉的贡献大；而流域农田生态系统的服务功能主要作用于区域内部，对本地区居民福祉的贡献度高。从上述研究结论中可以得到如下启示：要提升整个流域居民的福祉水平，不仅要强化上游地区森林生态系统保护与建设，还要提升下游基本农田的保护水平。由于流域生态系统服务具有经济外部性，市场机制失灵导致上述活动无法由市场主导实施，因此只有构建多重生态系统服务与多元主体间的生态补偿机制与基于耕地外部性的保护补偿机制，将生态系统所产生的外部效益纳入成本核算中，并进一步构建经济补偿融资体系和法律保障体系，使流域生态建设与农田保护行为得到有效补偿，才能使上游地区居民福祉得到有效保障，使生态保护行为能够产生长期和持续效果。

（三）将自然资源核算纳入国民经济核算体系

研究中自然资源资产在空间上的流动性以及由流动性所产生的外部性可为自然资源资产负债表编制中的流量核算提供理论与方法支撑，为不同区域间自然资源价值的核算与分配提供依据。将自然资源核算纳入国民经济核算体系中，解决流域生态系统服务的空间转移对流域居民福祉的负面影响问题。中国自然资源资产负债表的核算不仅包括环境保护支出、污染物排放、生态系统服务功能等（陈玥等，2015），还包括收入和福利核算（封志明等，2014）。另外，不同自然资源所产生的生态服务价值对人类福祉的影响程度研究可为将福利纳入自然资源核算提供应用基础。

二　流域生态补偿策略

（一）构建基于生态价值的流域多元主体生态补偿机制

流域的生态补偿涉及流域上下游间的补偿问题，中心城市对生态地区的补偿问题，必须从国家、省域及县域三个层面完善流域生态补偿机制。建立健全流域水量水质监测机制，构建基于流域生态价值、发展机会成本、居民生计水平及支付意愿的生态补偿标准体系，开展生态补偿，并随着经济发展水平的提高不断加大补偿力度。补偿方式可选择经济补偿、产业补偿、政策补偿和智力补偿等，在初期阶段，经济补偿可作为首选，其他手段辅助，在后期阶段可逐渐以政策和智力补偿为主，提升该流域经济落后地区的自我发展能力。

（二）构建基于耕地多功能性的保护补偿机制

研究表明在淮河流域上游地区，黄淮平原农区耕地的 NPP 值较高，呈不断增长态势，说明农田生态系统的涵养水源、水土保持、改善小气候、改善大气质量、生物多样性、土壤净化等方面生态效益显著，同时作为河南省重要粮食核心区，为全国粮食安全做出了贡献，社会保障效益亦很突出，但目前未形成独立于农业补贴的耕地保护经济补偿体系。因此，应构建区内和区际补偿一体化的动态耕地保护经济补偿机制和补偿体系，将外部效益纳入耕地非农化成本核算体系，建立和完善耕地保护经济补偿资金融资体系和法律保障体系。保证耕地保护外部性得到补偿，改善和提高黄淮平原农区经济发展状况及农民福祉水平，提升农民从事农业生产的积极性。

（三）基于生态系统服务价值及居民支付意愿的补偿标准[①]

1. 流域生态补偿的理论解析

生态补偿的目标是通过调整生产关系（人际关系），使之适应生产力的发展要求（人地关系），促进人地和谐（俞海和任勇，2007）。在流域，除了要满足以上两种目标外，还要实现流域上下游间的和谐（地地关系）。以综合成本（包括机会成本和直接成本）为基础，结合流域生态损益及流域居民的支付意愿，计算出高中低三种标准，分别作为补偿的上限、参考值和下限。生态损益法以生态服务价值评估为基础，通过计算流域上下游生态服务价值的转移量，考虑生态服务的溢出效应而进行补偿，标准只能作为理论上限值（李文华和刘某承，2010），该方法更侧重于地地关系的调整。支付意愿法通过计算流域居民愿意为流域生态服务的改善可能支付的经济补偿的数值，反映人们对流域生态系统服务重要性的认知情况，受当地的经济发展水平、个人收入水平影响，此方法侧重考察人地关系问题。

2. 流域生态补偿标准测算的步骤

①运用 GIS 的缓冲区分析和叠加分析功能，结合引力模型和场强模型，研究流域生态服务价值转移的范围及强度，计算上下游地区生态损益，作为生态补偿标准的上限。②设计调查问卷，对生态服务受益区利益相关主体进行抽样调查，获取相关数据资料，运用 CVM 模型和统计学的参数和非参数估计方法，计算支付意愿，作为生态补偿标准的下限。③构建流域生态环境建设成本分担模型，计算流域利益相关者应分担的生态环境建设成本。

---

① 　参考文章：乔旭宁，杨永菊，杨德刚，等，2012. 流域生态补偿标准的确定——以渭干河流域为例. 自然资源学报，27（10）：1666-1676。

3. 流域生态补偿标准的确定

（1）基于流域生态服务价值转移强度的生态损益测算

将流域生态服务价值的空间转移量作为流域上下游生态损益测算的依据，可构建流域生态补偿标准的上限。在我国西北的渭干河流域，2001～2010年，流域上游拜城县向下游3个县域转移的生态服务价值总量基本呈先下降后波动上升的趋势，上游生态系统服务功能变化对下游的影响总体呈现加强趋势。2001年新和县生态服务价值转移总量下降到最小值1.84亿元，2008年达到最大值4.04亿元，2009～2010年有小幅度波动。沙雅县2001年的生态服务价值转移总量最小，为2.08亿元，2008年达到最大值4.19亿元，2009年转移总量降低，2010年有所回升。库车市2000～2010年生态服务价值转移总量在0.24亿～1.05亿元波动，2001年为最小值0.24亿元，2008年为最大值1.05亿元，相较于其他两个县域，库车市的转移总量波动幅度最小。

依据测算结果可以得到2000～2010年渭干河流域下游新和、库车、沙雅三县域对上游拜城县的动态补偿标准（见表5-24），其中，新和县应补偿的数额为1.84亿～4.04亿元，库车市应补偿的数额为0.24亿～1.05亿元，沙雅县应补偿的数额为2.08亿～4.19亿元，补偿标准呈波动上升趋势。

表 5-24　2000~2010 年渭干河流域下游对上游的生态补偿上限

单位：亿元

县域	2000 年	2001 年	2002 年	2003 年	2004 年	2005 年	2006 年	2007 年	2008 年	2009 年	2010 年
新和	2.60	1.84	2.37	2.45	3.21	2.56	2.89	3.85	4.04	3.86	4.02
库车	0.46	0.24	0.37	0.39	0.55	0.51	0.50	0.78	1.05	0.65	0.66
沙雅	2.96	2.08	2.34	2.46	2.98	2.78	2.81	4.12	4.19	3.43	3.54

（2）基于CVM模型的流域居民支付意愿测算

流域居民支付意愿值可以作为流域生态补偿标准的下限，即最小值。在我国中部的淮河流域上游地区，采用投标卡式的调查方法，得到居民支付意愿的分布：0～50元的占20.2%、50～100元的占27.4%、100～200元的占16.2%、200～300元的占10.1%、300～500元的占11.2%、高于500

元的占 7.7%。经测算可以得到，淮河流域上游地区农户的支付意愿期望值为 177.70 元，而肯定不愿意支付的平均值为 221.15 元。被调查者所愿意支付的最大数量的组合提供了平均支付意愿的下限，而肯定不愿意支付的数量提供了整体平均支付意愿的上限。因此，淮河流域上游居民每户每年的平均支付意愿为 177.70~221.15 元，其中点值为 199.43 元。因此，流域上游居民每户每年的平均支付意愿为 199.43 元。

三　流域生态补偿阶段与方式

（一）流域生态补偿方式

流域生态补偿应当根据受补偿地区生态系统状况和居民福祉的层次特征，因地制宜选择补偿模式，积极引导社会各方参与，拓宽生态补偿市场化、社会化运作路径，建立起国家、流域、地方、区域、行业多层次的补偿系统，形成政府主导、市场运作、公众参与的多样化的流域生态补偿方式（陈兆开等，2007）。

（1）政策补偿

政策补偿是指上级政府对下级政府的权利和机会补偿，即中央政府对省级政府、省级政府对地方政府的权利和机会补偿。受补偿者在授权的权限内，利用制定政策的优先权和优惠待遇，制定一系列创新性政策，扶持和培育源头地区新的经济增长点，重点加强投资环境的改善，大力支持发展生态型产业、环保型产业，加大对异地开发、生态移民等的支持力度，激发保护生态环境的主动性和积极性，统筹推进流域环境保护、生态建设与经济社会的协调发展。

（2）资金补偿

资金补偿是指直接或间接向受补偿者提供资金支持。具体的资金补偿方式有补偿金、赠款、减免税收、退税、信用担保的贷款、补贴、财政转移支付、贴息等。资金补偿能够使上游地区的生态环境建设和经济社会发展有一定的资金来源。

（3）实物补偿

实物补偿是指补偿者运用物质、劳力和土地等进行补偿，解决流域源头地区受补偿者的部分生产要素和生活要素问题，改善受补偿者的生活状况，增强其进行生态环境保护和建设的能力。

（4）智力补偿

智力补偿是指开展智力服务，向受补偿地区提供技术咨询和指导，培养受补偿地区的技术人才和管理人才，输送各类专业人才，提高受补偿者的知识技能、科技含量和组织管理水平。进行智力补偿，有利于促进逐渐由"输血型"补偿转变为"造血型"补偿，加速形成流域受偿区域的知识技能积累能力和自我发展能力。

（二）流域生态补偿阶段

根据生态保护实施的进程、需要完成的任务和生态与经济可持续协调发展的目标，生态补偿可分为三个阶段来实施，不同阶段采用不同的补偿方式。

（1）基本补偿阶段

这是补偿的最初阶段，首先要保障参与者最基本的生活水平不下降，对于生态环境的建设与保护持有一定的积极性。因此，主要补偿参与者的直接损失和花费，如原有土地利用方式上作物产出的损失、生态保护的初始投入等。这一阶段以资金补偿为主，适当的实物补偿为辅。

（2）中期补偿阶段

初始补偿仅仅能维持受偿者原有的生活水平，第二阶段在原有基础上进行产业结构调整，优化升级原有产业结构，淘汰落后的产业，引进新的产业，结合当地实际发展优势产业。该阶段的补偿针对农户原有生产工具和劳动力闲置的损失，发展新产业所需的设施、设备投入，农民获取新的生产技能和技术的培训费用等。此阶段以产业补偿和智力补偿为主。

（3）高级补偿阶段

产业结构调整完成后，受偿地区的社会经济系统与生态系统逐渐进入良性循环，生态效益产生外溢。此时，为保证生态服务的持续供给，还需继续支付生态系统的维护和管理费用。此阶段以政策补偿为主。

（三）基于流域居民福祉动态变化的补偿方式

流域生态服务对居民福祉中基本需求福祉产生的影响较大，而农田生态系统服务对居民福祉的影响最大。森林生态服务价值的转移与流域居民福祉的耦合度最高，影响最大；河流对居民福祉的影响其次；荒漠与流域居民福祉的耦合度最低，影响最小。流域居民福祉构成要素中，安全与健康需求福祉指标与流域生态服务空间转移的耦合度最高，关系最密切。

在流域生态补偿中，应充分考虑居民福祉所处的层次和阶段，并分析其对应的生态系统服务需求，提高补偿的效率及对居民福祉提升的贡献度。在渭干河流域，上游森林生态系统对流域居民整体福祉的作用程度最高，在生态补偿中应以森林生态系统为主线，构建生态补偿机制，通过森林生态系统补偿，提升流域居民的整体福祉水平；同时，由于流域整体经济发展水平较低，居民的基本需求福祉占主导地位，因此应重视农田生态系统的保护，不断提升居民的福祉水平。从流域居民福祉的演进历程来看，福祉呈现动态变化特征，要求在生态补偿中有所侧重。2003 年及以前，居民的福祉整体表现为基本需求高于安全与健康需求、精神需求，而影响该福祉的最主要生态系统类型为农田，因此，应加大对农田生态系统的保护及强化耕地保护生态补偿，可有效提升流域居民的福祉水平，对消除重要生态功能区和生态保护红线地区贫困问题有重要协同效应；2004~2005 年，流域居民的安全与健康需求福祉占主导，该种福祉与生态系统服务的空间流动性耦合度最高，因此，在补偿中要综合考虑整个流域生态系统的恢复与保护工作，以提升流域居民的福祉水平；2006 年及以后，流域居民的基本需求又占据主导地位，在生态补偿中要关注农田生态系统的保护与补偿问题。

补偿方式的选择上，基本补偿是流域生态补偿的重要基础，产业结构调整补偿是项目能否成功实施的关键，而高级补偿才能保障生态保护的成果持续下去。渭干河流域处于工业化初期向工业化中期的过渡阶段，居民的福祉水平较低，福祉需求类型以基本需求为主，因此，补偿处于以基本补偿为主的初级阶段，应当选取资金补偿为主、实物补偿为辅的补偿方式，该阶段为"输血"阶段。淮河流域上游地区处于工业化中期向后期过渡阶段，居民的福祉水平相对较高，尽管福祉需求类型以基本需求为主，但人均纯收入较高，有较好的产业基础，因此应当选取智力补偿为主、资金与实物补偿为辅的补偿方式。这一阶段，受偿区域居民福祉得到提升，产业结构得到改造升级，生态经济实现良性可持续互动，是由"输血"转变为"造血"的重要时期。

参考文献

[1] 陈玥，杨艳昭，闫慧敏，等，2015. 自然资源核算进展及其对自然资源资产负债表编制的启示. 资源科学，37（9）：1716-1724.

[2] 陈兆开，施国庆，毛春梅，等，2007. 西部流域源头生态补偿问题研究. 软科学，(6)：90-93.

[3] 封志明，杨艳昭，李鹏，2014. 从自然资源核算到自然资源资产负债表编制. 中国科学院院刊，29（4）：449-456.

[4] 李文华，刘某承，2010. 关于中国生态补偿机制建设的几点思考. 资源科学，32（5）：791-796.

[5] 乔旭宁，杨永菊，杨德刚，2012. 流域生态补偿研究现状及关键问题剖析. 地理科学进展，31（4）：395-402.

[6] 乔旭宁，杨永菊，杨德刚，2012. 渭干河流域生态系统服务的支付意愿及影响因素分析. 中国生态农业学报，20（9）：1254-1261.

[7] 乔旭宁，詹慧丽，唐宏，等，2018. 渭干河流域农业灌溉用水的农户支付意愿及影响因素分析. 干旱区资源与环境，32（11）：22-28.

[8] 杨凯，赵军，2005. 城市河流生态系统服务的 CVM 估值及其偏差分析. 生态学报，25（6）：1391-1396.

[9] 俞海，任勇，2007. 流域生态补偿机制的关键问题分析——以南水北调中线水源涵养区为例. 资源科学，29（2）：28-33.

[10] 张志强，徐中民，程国栋，等，2002. 黑河流域张掖地区生态系统服务恢复的条件价值评估. 生态学报，22（6）：885-892.

[11] 郑海霞，张陆彪，涂勤，2010. 金华江流域生态服务补偿支付意愿及其影响因素分析. 资源科学，32（4）：761-767.

[12] Davis R K, 1963. Recreation planning as an economic problem. *Natural Resources Journal*, 3：239-249.

[13] Greenley D A, Walsh R G, Young R A, 1982. *Economic Benefits of Improved Water Qual-*

ity：*Public Perceptions of Option and Preservation Values*. Boulder，Colo：Westview Press.

［14］ Loomis J B，Walsh R G，1997. *Recreation Economic Decisions*：*Comparing Benefits and Costs*. 2nd ed. Pennsylvania：Venture Publishing Inc.

［15］ Loomis J，Kent P，Strange L，et al. ，2000. Measuring the total economic value of restoring ecosystem services in an impaired river basin：Results from a contingent valuation survey. *Ecological Economics*，33（1）：103-117.

［16］ Xu Z M，Cheng G D，Zhang Z Q，et al. ，2003. Applying contingent valuation in China to measure the total economic value of restoring ecosystem services in Ejina region. *Ecological Economics*，44（2/3）：345-358.

第六章   研究主要结论

本书以国家级重要生态功能区渭干河流域和淮河流域为研究区域，基于流域土地利用数据、入户调研数据及统计数据，运用土地利用动态度、土地利用程度综合指数等方法，分析土地利用变化情况；运用景观生态学方法，分析土地利用的景观尺度特征；采用价值量评价法测算了淮河流域的生态系统服务价值；引入生态贡献率与敏感性指数，分析土地利用变化对生态系统服务的影响；基于 GIS 的空间分析功能测算了流域生态系统服务的流动性及空间转移特征及对居民福祉影响；基于调查问卷与 CVM 方法测算了流域居民的支付意愿。主要结论如下。

一   构建多种生态系统服务共存共赢模式，实现生态功能在空间上的协同

（一）流域土地利用方式的转变引起了生态系统服务价值的动态变化

在淮河流域，耕地转变为水域、建设用地转变为耕地、耕地转变为林地是生态系统服务价值、调节服务价值增加的主要原因；耕地转变为林地、建设用地转变为耕地是供给服务价值、支持服务价值增加的主要原因；耕地转变为水域、耕地转变为林地是文化服务价值增加的主要原因。

（二）流域土地动态变化对生态系统服务的敏感性存在较强的空间差异性

淮河流域的耕地主要提供了生态系统服务中的供给服务、调节服务、

支持服务，林地提供了生态系统服务中的供给服务、调节服务、支持服务、文化服务，水域主要提供生态系统服务中的调节服务、文化服务；耕地、林地的土地利用变化对生态系统服务及供给服务、调节服务、支持服务敏感性较强；林地、水域的动态变化对文化服务敏感性较强。

（三）土地利用程度与生态系统服务存在空间上的协同和权衡关系

土地利用程度与生态系统服务价值及调节服务价值、支持服务价值、文化服务价值呈正相关；土地利用程度与生态系统服务及调节服务、支持服务、文化服务具有协同作用，对供给服务具有抑制作用。

二　流域土地利用方式及景观格局对生态系统结构及服务产生了重要影响

（一）流域土地利用变化显著、用地类型转换频繁、景观变化多样

2000~2015 年淮河流域土地利用变化显著，耕地、草地的面积增加而林地、水域、建设用地、未利用地的面积减少，草地面积变化最显著；流域生态系统服务价值从 2000 年的 18021.33 亿元降到 2015 年的 16836.98 亿元，减幅 6.57%。耕地、林地、水域对淮河流域生态系统服务及供给服务、调节服务、支持服务、文化服务的贡献率较大，达到 90%以上。土地利用转变方式主要是耕地与林地、耕地与水域、耕地与建设用地之间的相互转变。香农多样性指数和香农均匀度指数整体上呈下降趋势，淮河流域各景观类型分布的均衡化程度在降低，景观类型优势度在增加，景观优势类别对景观格局的主导作用在增强。

（二）土地利用的景观格局对生态系统服务产生了较大的影响

景观形状的复杂程度、景观破碎化程度对生态系统服务的影响程度较强；景观破碎化程度严重，景观形状呈现不规则，形状指数增大，蔓延度指数减小，对生态系统服务及调节服务、支持服务、文化服务产生增强作用，对供给服务产生抑制作用。

三 流域居民福祉存在层次性和动态演替性

（一）流域居民福祉的构成上存在层次性、动态演替性和空间差异性

渭干河流域居民福祉由基本需求、安全与健康需求、精神需求三个层次的福祉构成，按重要性排序表现为安全与健康需求>基本需求>精神需求，并呈现库车市的福祉水平最高，拜城县其次，新和县最低的空间分异的规律。居民福祉总体呈波动式上升趋势，基本需求福祉总体高于其他两个福祉。福祉构成要素中，安全与健康需求福祉波动大且对流域居民福祉的贡献度最高，基本需求福祉和精神需求福祉呈波动上升的趋势，基本需求福祉在 2010 年达到最大值。

在淮河流域上游地区，居民福祉的冷热点区域和基本需求福祉的冷热点区域相似度很高，尤其是热点区域都集聚在虞城县、夏邑县及舞阳县等地区；居民福祉冷点区域主要受到基本需求福祉和安全与健康需求福祉的影响；精神需求福祉对居民福祉冷热点区域的影响不大。

（二）流域居民福祉的主要影响因素是家庭状况和社会环境，还受到生态环境与资源状况的影响，个人因素的直接影响效果突出

淮河流域居民福祉的主要影响因素是家庭状况和社会环境，家庭状况对居民福祉的直接作用不强，主要是通过资源环境与社会环境因子来间接影响福祉水平，而社会环境则对流域居民福祉产生直接影响，流域居民更关注教育、医疗、政策及交通等社会软环境，这成为影响居民福祉的最直接因素。流域生态环境与资源状况对居民福祉也产生了影响，但居民对其感知度相对较低，流域居民对生态环境建设的认知度不高，也不能充分认识到生态系统的重要性。个人因素对流域居民福祉的直接影响效果非常突出，作为流域居民的个体对资源环境和社会环境均产生了负面的作用，降低了个人特征因素对居民福祉的总贡献。

（三）流域居民福祉呈现不平衡性及不充分性特征

从福利经济学视角验证了"我国社会主要矛盾已经转化为人民日益增

长的美好生活需要和不平衡不充分的发展之间的矛盾"。福祉水平是流域居民幸福感的重要标识，是对美好生活需要的重要表征。不平衡主要体现在流域 68 个行政单元的经济发展水平、生态环境状况、社会环境状况存在差异性；不充分表现在虽然国家在流域基本公共服务方面连续多年的巨大投入明显改善了人民生活，但依然不充分，流域居民对医疗、教育、交通政策的满意度还不高。政府应提高流域，尤其是流域贫困地区医疗、教育、交通等公共服务的水平，以及加大政府政策等的作用力度。

四　流域生态系统服务与居民福祉间存在复杂的耦合机制

这种机制依赖于时间尺度和空间尺度。耦合机制的复杂性还体现在生态系统服务功能的时空异质性与居民福祉的多层次性、动态性。

（一）渭干河流域生态系统服务空间转移与流域居民福祉间存在因果关系

生态系统服务空间转移是居民福祉提高或者降低的原因，而居民福祉的变化不能影响生态系统服务空间转移的价值量的变化；生态系统服务空间转移价值总量和居民福祉指标值之间存在长期协整关系。

（二）渭干河流域生态系统服务及其空间转移与居民福祉间存在耦合关系

从生态系统服务的域内静态效应来看，流域生态系统服务对居民福祉中基本需求福祉产生的影响较大，而农田生态系统服务对居民福祉的影响最大。从生态系统服务产生的域外动态影响来看，森林生态系统服务价值的转移与流域居民福祉的耦合度最高，影响最大，安全与健康需求福祉指标与流域生态系统服务空间转移的关系最密切。

五　构建流域多元主体生态补偿机制和耕地保护补偿机制

（一）构建基于生态价值的流域多元主体生态补偿机制

从国家、省域及县域三个层面完善流域生态补偿机制，构建基于流域生态价值、居民福祉水平及支付意愿的生态补偿标准体系。补偿方式可选择经济补偿、产业补偿、政策补偿和智力补偿等，在初期阶段，经济补偿可作为首选，其他手段辅助，在后期阶段可逐渐以政策和智力补偿为主，提升该流域经济落后地区的自我发展能力。

（二）构建基于耕地多功能性的保护补偿机制

构建区内和区际补偿一体化的动态耕地保护经济补偿机制和补偿体系，将外部效益纳入耕地非农化成本核算体系，建立和完善耕地保护经济补偿融资体系和法律保障体系。保证耕地保护外部性得到补偿，改善和提高黄淮平原农区经济发展状况及农民福祉水平，提升农民从事农业生产的积极性。

六 测算流域生态补偿的最低和最高标准

（一）构建流域生态补偿标准的上限

将流域生态系统服务价值的空间转移量作为流域上下游生态损益测算的依据，可构建流域生态补偿标准的上限。2000~2010年渭干河流域下游新和、库车、沙雅三县域对上游拜城县的生态补偿标准呈波动上升趋势，其中，新和县应补偿的数额为1.84亿~4.04亿元，库车市应补偿的数额为0.24亿~1.05亿元，沙雅县应补偿的数额为2.08亿~4.19亿元。

（二）构建流域生态补偿标准的下限

流域居民支付意愿值可以作为流域生态补偿标准的下限，即最小值。淮河流域上游居民每户每年的平均支付意愿为177.70~221.15元，其中点值为199.43元。因此，流域上游居民每户每年的平均支付意愿为199.43元。

图书在版编目(CIP)数据

生态红线对居民福祉的影响及补偿策略 / 杨永菊，
王晓梅，乔旭宁著 . -- 北京：社会科学文献出版社，
2024.12. -- ISBN 978-7-5228-4709-2

Ⅰ . D632.1

中国国家版本馆 CIP 数据核字第 20247JQ529 号

生态红线对居民福祉的影响及补偿策略

著　　者 / 杨永菊　王晓梅　乔旭宁

出 版 人 / 冀祥德
组稿编辑 / 恽　薇
责任编辑 / 胡　楠
责任印制 / 王京美

出　　版 / 社会科学文献出版社·经济与管理分社（010）59367226
　　　　　 地址：北京市北三环中路甲 29 号院华龙大厦　邮编：100029
　　　　　 网址：www.ssap.com.cn
发　　行 / 社会科学文献出版社（010）59367028
印　　装 / 三河市龙林印务有限公司

规　　格 / 开　本：787mm×1092mm　1/16
　　　　　 印　张：14　字　数：214 千字
版　　次 / 2024 年 12 月第 1 版　2024 年 12 月第 1 次印刷
书　　号 / ISBN 978-7-5228-4709-2
定　　价 / 128.00 元

读者服务电话：4008918866